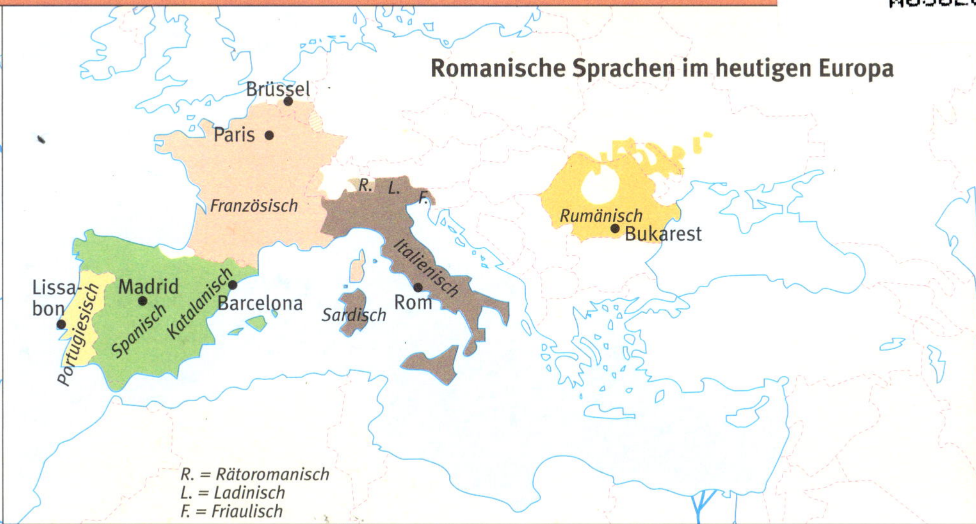
Romanische Sprachen im heutigen Europa
Brüssel
Paris
Französisch
R.
L.
F.
Rumänisch
Bukarest
Lissabon
Madrid
Barcelona
Portugiesisch
Spanisch
Katalanisch
Sardisch
Italienisch
Rom
R. = Rätoromanisch
L. = Ladinisch
F. = Friaulisch

Regnum Bospori
Dacia
107 n. Chr.
Tomi
29 / 28 v. Chr.
Pontus Euxinus
Thracia
46 n. Chr.
Byzantium
65 v. Chr.
Armenia
114–117 n. Chr.
Philippi
Thessalonice
Pydna
Pharsalus
Troia
Pergamum
Nicomedia
Ancyra
25 v. Chr.
Cappadocia
18 n. Chr.
Regnum Parthorum
Asia
133 / 129 v. Chr.
Mesopotamia
115–117 n. Chr.
Tigris
Athenae
Ephesus
103 v. Chr.
67 v. Chr.
Achaia
146 v. Chr.
Miletus
Lycia
74 n. Chr.
Rhodus
Antiochia
63 v. Chr.
Euphrates
58 v. Chr.
Cnossus
67 v. Chr.
105 n. Chr.
Damascus
Babylon
Internum
Tyrus
Iudaea
Hierosolyma
74 v. Chr.
Cyrenaica
Alexandria
Petra
Arabia
105 n. Chr.
Aelana
30 v. Chr.
Aegyptus

Salve!

Via mea bedeutet „Mein Weg".
Via haben wir das Buch benannt, weil es dein **Weg** in die Sprache und Welt der Römer sein soll. Dem Wort **Via** haben wir **mea** hinzugefügt, weil wir dieses Buch und die Begleitmaterialien so gestaltet haben, dass du **deinen** Lernweg finden kannst.

Dieser zweite Band von **Via mea** hat 12 Lektionen. Jede Lektion umfasst 4 Seiten und ist in der Regel gleich aufgebaut:
Auf der ersten Doppelseite **Wir lernen die Römer kennen** findest du den lateinischen Lektionstext, in den dich ein Bild und ein deutscher Text einführen.
Die mit **INFO** gekennzeichneten deutschen Texte bieten dir weitere Informationen zum Thema der Lektion.
Nach dem lateinischen Text findest du Aufgaben:
a Aufgaben in dieser Farbe beziehen sich auf den Inhalt des lateinischen Textes und sollen dir helfen, dein Verständnis des Lektionstextes zu vertiefen.
c Aufgaben in dieser Farbe beziehen sich auf die neuen sprachlichen Kompetenzen der Lektion und sollen dich anregen, ihn dir auch mit Hilfe des Grammatik-Begleitheftes selbständig zu erschließen.

Die zweite Doppelseite **Entdecken, üben und verstehen** ist dazu da, deine neu erworbenen Kenntnisse zu üben und bereits Gelerntes zu festigen.
Damit du genau weißt, was du hier übst, und Übungen selbständig auswählen kannst, ist jede Übung gekennzeichnet:
W kennzeichnet **Wortschatzübungen**,
F kennzeichnet **Formenübungen**,
S kennzeichnet Übungen, die sich auf die **Grammatik** des **Satzes** beziehen,
kennzeichnet Übungen zur Übersetzung von **Texten** und **Texterschließung**.
Sterne * unter den Symbolen zeigen dir an, welche Art von Wissen gefestigt wird:
Ist kein Stern ausgewiesen, übst du **die Kenntnis von Fakten**,
bei * das Verständnis von **Zusammenhängen**,
bei ** die praktische **Anwendung** des Wissens,
bei die **Interpretation** von Texten,
Blaue Überschriften kennzeichnen die verbindlich vorgesehenen Übungen,
violette die zusätzlichen/fakultativen Texte und Arbeitsanregungen.
Verweise auf das Arbeitsheft am Rand zeigen dir, wo du weitere Übungen findest.
weist auf kulturgeschichtliches Wissen hin.
Wo das steht, geht es darum, eigene Fehler „unter die Lupe zu nehmen".

Nach in der Regel drei Lektionen kommt die Doppelseite **Überprüfe, was du kannst**.
Ein lateinischer Text und Aufgaben dazu machen dir deutlich, was du schon kannst und wie Lücken zu schließen sind.
Daran schließt sich **Heute und damals** an: Bilder aus der Antike und aus unserer Welt zeigen dir Gemeinsamkeiten und Unterschiede.

Das **Übersetzungstraining** (ab S. 78) fasst zusammen und erläutert mit Beispielen, wie du lateinische Texte übersetzt und welche Möglichkeiten du hast, Vokabeln zu lernen.
Im **Vokabelverzeichnis** (ab S. 88) findest du die Vokabeln lektionsweise in der Reihenfolge ihres Vorkommens; im **Alphabetischen Namen- und Sachregister** (ab S. 106) und im **Alphabetischen Vokabelverzeichnis** (ab S. 114) kannst du lateinische Wörter und Begriffe nachschlagen.

Bene ambula!
Herausgeber, Autoren, Berater und Verlag

Die folgenden aufgelisteten Angebote sind nicht obligatorisch abzuarbeiten. Die Auswahl der Übungen und Übungsteile richtet sich nach den Schwerpunkten des schulinternen Curriculums.

Seite	Lektion	Sprachkompetenz	Textkompetenz	Kulturkompetenz
8	**Was ich in Band 1 gelernt habe**	Übersicht über die mit Band 1 erworbenen Kompetenzen		

Griechisch-römische Mythen

Seite	Lektion	Sprachkompetenz	Textkompetenz	Kulturkompetenz
10	**14** **Göttin spurlos verschwunden!**	**F:** Adjektive der gemischten Dekl.; Adverbien der 3. Dekl.; Futur aller Konjug. **S:** Gen. subiectivus u. obiectivus, des Teilverhältnisses, des Besitzers bei *esse*	Textsorte: Mythologische Erzählung	Griechischer Mythos: Proserpina, Ceres
14	**15** **Europa kam aus Asien**	**F:** Regelmäßige Komparation der Adj. **S:** Abl. des Vergleichs, des Grundes, der Eigenschaft; PPP als PC der Vorzeitigkeit	Sinnrichtungen des PC	Griechischer Mythos: Europa
18	**16** **Ein Held in Schwierigkeiten**	**F:** *hic; ille*; unregelmäßige Komparation der Adj.; Passiv im Präsensstamm; **S:** Reflexivität im AcI *(se – eum)*	Textkohärenz der Pronomen	Griechischer Mythos: Herkules, Augias-Stall
22	**Test** **Lekt. 14 – 16** **Der Rinderraub des Cacus**			Griechisch-römischer Mythos: Herkules und Cacus
24	**Heute und damals** **Lekt. 14 – 16** **Kretische Mythen: das Labyrinth – Dädalus und Ikarus**			Kretische Mythen; minoische Kultur

Griechisch-römische Mythen

Seite	Lektion	Sprachkompetenz	Textkompetenz	Kulturkompetenz
26	**17** **Griechen in Not**	**F:** Steigerung der Adverbien; PPA **S:** PPA als PC der Gleichzeitigkeit	Sinnrichtungen und Zeitverhältnisse des PC	Griechischer Mythos: Trojanischer Krieg, Achill und Patroklos
34	**18** **Gefährliche Sirenen**	**F:** Substantive der i-Dekl. **S:** Temporalsätze (*cum, ubi, ut (primum)* mit Indikativ)	Hypotaxe: Temporalsätze	Griechischer Mythos: Trojanischer Krieg, Odysseus und die Sirenen
38	**19** **Eine Liebe ohne Zukunft – Dido und Aeneas**	**S:** Ablativus absolutus	Sinnrichtungen des Ablativus absolutus	Griechisch-römischer Mythos: Dido und Aeneas
42	**Test** **Lekt. 17 – 19** **Das Geheimnis des hölzernen Pferdes**			Griechischer Mythos: das Trojanische Pferd
44	**Heute und damals** **Lekt. 17 – 19** **Heinrich Schliemann sucht Troja; Troja – mehr als ein Mythos**			Troja – Mythos und archäologische Forschung

Gründung und Frühzeit Roms

Seite	Lektion	Sprachkompetenz	Textkompetenz	Kulturkompetenz
46	**20** **Der Ursprung Roms**	**F:** *ferre* u. Komposita **S:** nominaler Ablativus absolutus	Sinnrichtungen des nominalen Ablativus absolutus	Römischer Mythos: Romulus und Remus
50	**21** **Rom – eine Stadt ohne Frauen**	**F:** Konj. Imperf. u. Plusqu. **S:** abhäng. konj. Adverbialsätze verschiedener Sinnrichtung (*cum*, *ut* final u. konsekutiv)	Hypotaxe: Adverbialsätze	Römischer Mythos: Raub der Sabinerinnen
54	**22** **Ein römischer Spion in Gabii**	**F:** Konjunktiv Präs. u. Perf.; **S:** indirekte Fragesätze; Zeitenfolge in abh. Gliedsätzen und indirekten Fragesätzen; *qui, quae, quod* als adj. Fragepronomen	Hypotaxe: Zeitverhältnisse	Römischer Mythos und Frühgeschichte Roms: Tarquinius Superbus, Beginn der römischen Republik
58	**Test** **Lekt. 20 – 22** **Orakel an Brutus**			Orakel von Dephi; Beginn der röm. Republik
60	**Heute und damals** **Lekt. 20 – 22** **Gründungssagen**			Antike und moderne Gründungssagen

Karthago und Rom

Seite	Lektion	Sprachkompetenz	Textkompetenz	Kulturkompetenz
62	**23** **Wer sind die Phönizier?**	**S:** Irrealis in Aussage- u. Bedingungssätzen der Gegenwart u. Vergangenheit	Textsorte: Dialog; Irreale Konditionalperioden	Kultur der Phönizier
66	**24** **Hannibal – der berühmteste Phönizier**	**F:** *ipse* **S:** unabh. Wunschsätze (*utinam*); abh. Wunschsätze (*ut*-Sätze)	Textsorte: Brief; Formen optativischer Ausdrücke	Rom und Karthago; Hannibal
70	**25** **Karthagos Ende**	**F:** Gerundium **S:** Funktion des Gerundiums; Funktionen des Konj. im Hauptsatz	Ausdrücke der Aufforderung und Möglichkeit (*iussivus/ hortativus, potentialis, deliberativus, prohibitivus*)	Rom und Karthago; Scipio Africanus minor
74	**Test** **Lekt. 23 – 25** **Hannibal bei Prusias**			Rom und Karthago; Hannibal
76	**Heute und damals** **Lekt. 23 – 25** **Stadtplanung**			Hellenistisch-römische und neuzeitliche Stadtplanung

Anhang

Seite

78	Übersetzungstraining: Lesen – verstehen – übersetzen
88	Vokabelverzeichnis
102	Römische Zeitrechnung; Vergleichende Zeittafel
104	Römische Zahlen und Namen
106	Namen- und Sachregister
114	Alphabetisches Vokabelverzeichnis
138	Verzeichnis unregelmäßiger Verben
144	Lösungen zu den Tests
147	Tipps zum Weiterlesen
148	Antike Kultur: Wer ist wer?; Bildnachweis

Abkürzungshinweise

Nom. – Nominativ
Gen. – Genitiv
Dat. – Dativ
Akk. – Akkusativ
Abl. – Ablativ
Sg. – Singular
Pl. – Plural
m. – maskulinum
f. – femininum
n. – neutrum
KNG – Kasus Numerus Genus

Was ich in Band 1 gelernt habe

Sprache

Aussprache

Wissen
Ich kenne die Regeln für die Aussprache und Betonung der lateinischen Vokabeln.
Verstehen
Ich kann die Betonung der lateinischen Vokabeln erklären.
Können
Ich kann die lateinischen Vokabeln in Band 1 richtig aussprechen und betonen.
Ich kann die bekannten lateinischen Texte aus Band 1 vorlesen.

Wort

Wissen
Ich kenne die Bedeutungen der Vokabeln und Redewendungen in Band 1.
Verstehen
Ich kann die Vokabeln in Band 1 nach Wortarten sortieren.
Ich kann die Verben und Nomen in Band 1 nach Konjugationen und Deklinationen sortieren.
Ich kann Vokabeln von Band 1 in Wort-Netzen und nach Sachfeldern ordnen.
Können
Ich kann deutsche Fremdwörter von den lateinischen Vokabeln in Band 1 ableiten.

Form

Wissen
Ich kenne alle Fachbegriffe für die Formenbestimmung aus Band 1.
Ich kenne die Tempuszeichen für die Vergangenheitstempora Imperfekt–Perfekt–Plusquamperfekt.
Ich kenne die Endungen aller Personen für Aktiv und Passiv.
Ich kann Nomen nach der a-, o-, e-, u-, konsonantischen und gemischten Deklination deklinieren.
Ich kenne die besonderen Endungen der Pronomen in Band 1.
Ich kann Verben in allen Konjugationen im Präsens, Imperfekt, Perfekt und Plusquamperfekt Aktiv und Passiv konjugieren.
Ich kenne die Endungen der Adverbien.
Verstehen
Ich kann die verschiedenen Bausteine bei Verbformen, Nomen und Adverbien unterscheiden und abtrennen.
Ich kann mehrdeutige Endungen in der Deklination unterscheiden.
Ich kann die Formen von Verben, Nomen und Adverbien richtig bestimmen.
Können
Ich kann die Bedeutung aller Kasusendungen erkennen und angemessen ins Deutsche übersetzen.
Ich kann die Bedeutung der Tempora Präsens, Imperfekt, Perfekt und Plusquamperfekt erläutern und angemessen ins Deutsche übersetzen.
Ich kann den Unterschied zwischen Aktiv und Passiv erklären und angemessen im Deutschen wiedergeben.

Satz

Wissen

Ich kenne die Kongruenzregeln.
Ich kenne die Fragen nach Satzgliedern.
Ich kenne die Bestandteile eines AcI.

Verstehen

Ich kann alle Satzglieder in einem Satz bestimmen.
Ich kann mithilfe der Kongruenzregeln die Wortblöcke in einem Satz abtrennen.
Ich kann Aussage- von Fragesätzen unterscheiden.
Ich kann Haupt- und Nebensätze unterscheiden.
Ich kann Relativsätze und relativische Satzanschlüsse voneinander unterscheiden.
Ich kann einen AcI in einem Satz erkennen.

Text

Wissen

Ich kenne die Textsorten (Brief, Dialog, Erzählung), die in Band 1 vorkommen.

Verstehen

Ich kann die Texte in Band 1 bestimmten Textsorten zuordnen.
Ich erkenne die Sachfelder in den Texten von Band 1.
Ich erkenne die Konnektoren in den Texten von Band 1.
Ich kann anhand der Tempora den zeitlichen Ablauf einer Handlung im Text erkennen.

Können

Ich kann mir vor der Übersetzung mithilfe von Bildern, Überschriften, Sachfeldern, Eigennamen oder Konnektoren ein Vorverständnis von einem Text verschaffen.
Ich kann die Texte in Band 1 angemessen ins Deutsche übersetzen.
Ich kann mehrdeutige Vokabeln und Endungen aufgrund ihres Textzusammenhanges korrekt übersetzen.
Ich kann die Texte in Band 1 in Abschnitte gliedern.
Ich kann die Texte in Band 1 in eine andere Textsorte (z.B. Brief) umschreiben.

Kultur

Wissen

Ich kenne die Bestandteile eines römischen Namens.
Ich kenne die Mitglieder einer römischen Familie.
Ich kenne das römische Schulwesen und römische Freizeitaktivitäten.
Ich kenne wichtige Gebäude der Stadt Rom und ihre Funktion.
Ich kenne römische Götter und einige wichtige römische Persönlichkeiten wie Caesar, Octavian, Varus.

Verstehen

Ich kann Unterschiede zwischen einer *familia* und einer modernen Familie benennen.
Ich kann Unterschiede zwischen römischem und heutigem Unterricht beschreiben.
Ich kann Ähnlichkeiten und Unterschiede zwischen antiken und heutigen Freizeitaktivitäten angeben.
Ich kann Gemeinsamkeiten und Unterschiede zwischen antiken und modernen Gebäuden herausstellen (*circus*, *domus*, *templum*, *villa*).
Ich kann römischen Göttern ihre Aufgabenbereiche zuordnen.

Göttin spurlos verschwunden!

Giovanni Lorenzo Bernini (1598 – 1680): Raub der Proserpina. Statuengruppe aus Marmor.

INFO

Mythos

Das Wort *Mythos* kommt aus dem Griechischen und bedeutet eigentlich „Erzählung". Im antiken Griechenland waren Mythen Erzählungen von **Göttern** und **Helden** aus vorgeschichtlicher Zeit. Hierzu gehören die Geschichten von Zeus oder Herakles, aber auch der Trojanische Krieg oder die Irrfahrten des Odysseus.

Auch die Römer kannten einige Mythen wie z. B. die Erzählungen von Romulus und Remus, den Gründern der Stadt Rom. Aber die meisten Mythen haben die Römer von den Griechen übernommen, so die Erzählungen von dem trojanischen Helden Aeneas. Er flieht nach der Zerstörung Trojas und erreicht schließlich Italien, die neue Heimat.

Bei den Mythen handelt es sich zwar in der Regel um **erfundene Geschichten**, aber an Aeneas und Romulus kannst du sehen, dass es in der Antike keine klare Grenze zwischen Mythos und Geschichte gab. So hatte fast jede antike Stadt einen eigenen Mythos, der ihre Gründung erzählte. Außerdem erklären die Mythen oft Erscheinungen in der Natur wie z. B. die Erzählung von Ceres und Proserpina in dieser Lektion.

Die Welt des antiken Mythos unterscheidet sich oft nur wenig von der Welt der Menschen: Meistens geht es um Liebe, Eifersucht, Krieg und Ähnliches. Besonders im griechischen Mythos werden die Götter sehr menschlich dargestellt. Sie unterscheiden sich nur durch ihre Unsterblichkeit und ihre größere Macht von den Menschen.

Mythen waren ein besonders beliebter Stoff in der antiken **Literatur** und wurden immer wieder **verändert** und neu erzählt. Auch in der antiken **Malerei** oder auf Mosaiken findet man viele Darstellungen aus dem Mythos. Die mythischen Stoffe der Antike blieben auch nach der Antike bis in die **Kultur der Gegenwart** lebendig: Sicher bist du schon Figuren aus der antiken Mythologie in Film und Fernsehen, Kunst und Literatur begegnet.

Von der Insel Sizilien ist der Mythos von Ceres und ihrer Tochter Proserpina überliefert. Was Proserpina erlebte, kannst du bereits auf dem Bild links erkennen.

Proserpina in Olympo monte inter deos deasque immortales erat. Mater Proserpinae fuit Ceres, dea frugum et frumenti, pater autem Iuppiter, maximus deorum.

Aliquando Proserpina in Siciliam insulam descendit et ibi flores collegit. Manus eius iam florum plenae erant, cum[1] subito terra se aperuit: Proserpina iuvenem ignotum spectat. Is autem Pluto rex inferorum erat et amore puellae pulchrae vehementer ardebat, sed in Olympo vivere sibi non licere sciebat. Itaque filiam Cereris rapuit et celeriter in regnum mortuorum rediit.
Proserpinae autem magnus timor eius viri ignoti fuit et clamavit: „O mater! Celeriter me adiuva!“ Sed frustra auxilium matris sperabat. Tum Pluto: „Pluto sum, rex imperii ingentis. Te in matrimonium ducam et regina inferorum eris et nihil tibi deerit. Nos mortuos regemus. Omnes divitias regni mei accipies et libenter mecum in regno nostro manebis.“ Tum Proserpina timorem amisit et cum Plutone mortuos rexit.

Sed Ceres propter curam filiae omnibus in terris vestigia eius quaerebat, sed frustra. Nam amor filiae magnus erat, sed spes salutis parva. Itaque misera dea in speluncam[2] se recepit. Iuppiter autem, quod Cererem non iam fruges terrae curare viderat, prudenter providit: „Agri pleni frugum non erunt, hominibus satis frumenti non dabunt. Ita Ceres mortales cibo vinoque spoliabit – sed Cereris est mortalibus frumentum et fruges dare!“

Itaque Iuppiter sapienter decrevit: „Proserpina tot menses erit cum marito[3], quot cum matre.“

1 cum als
2 spelunca, -ae f. Höhle
3 maritus, -i m. Ehemann

a Beschreibe die auf Seite 10 abgebildete Statuengruppe und stelle Vermutungen an, was Proserpina erlebt hat.
b Vergleiche nach der Übersetzung deine Erwartungen mit dem Inhalt des Textabschnittes Z. 1 – 9.
c Gliedere den Text anhand der Konnektoren in Abschnitte.
d In welchen Monaten lebt Proserpina in der Unterwelt, in welchen auf der Erde? Begründe. Was wird in diesem Mythos erklärt?
e Ermittle anhand der Tempora Vordergrund- und Hintergrundhandlung.
f Ceres filiam valde amat. *Amor matris* magnus est.
Et filia Cererem valde amat. *Amor matris* magnus est.
Übersetze die Sätze. Was fällt dir bei der Wiedergabe von *amor matris* auf?
g In den Aussagen Plutos und Jupiters findest du Verbformen, die für dich neu sind. Warum sind diese Verbformen verwendet?

▸ Grammatik S. 6 – 7

1. Wort-Netz

Ordne den Personen des Mythos passende Ausdrücke zu:
timere, amor, mater, odium, prudens, gaudium, beatus, rapere, uxor, clamare, crudelitas, filia, delectare, desiderare, gaudere, fugere, amare, regere, depellere, iratus, iuvat, miser, spes, sapiens

2. Von Wort zu Wort

Die Wörter *amor* und *amare* gehören zu einer Familie.
Auch die folgenden Wörter haben Verwandte. Welche?
gaudere, mortuus, regnum, ira, spes, cultus, facere, pater, imperator, timere, cura, aperire, dux, laborare, mercator

3. Ein Wort – mehrere Bedeutungen: colere

Übersetze die folgenden Sätze. Achte für eine angemessene Wiedergabe des Verbs *colere* auf den Zusammenhang:

1. Servi magnis cum laboribus agros colunt. Etiam flores et arbores[1] colere debent.
2. Romani non solum unum deum, sed multos deos coluerunt.
3. Officium magistratuum est leges et mores Romanorum colere.
4. In urbe Roma litterae Graecae magno studio[2] cultae sunt.

1 arbor, -oris f. Baum
2 studium, -i n. Eifer

4. Tauschbörse: Tempora

a Setze die folgenden Formen ins Futur:
salutamus, veniunt, it, dicitis, timeo, scribo, desum, fugio, das, audis, videmus, estis

b Übersetze die neuen Futur-Formen.

5. Auf die Grundform kommt es an – Alles Futur oder was?

▸ Arbeitsheft S. 11 Ü. 2

Suche aus den folgenden Formen alle Futur-Formen heraus und nenne die jeweilige Grundform:
cibo, colam, scribunt, timet, iam, ibo, amittes, aliam, dabis, apertam, curiam, eram, iram, iuvenes, leges, miles, morbis, movebis, reges, verbis, audiam, duces

6. Von Fall zu Fall – Nominativ zu Genitiv

▸ Arbeitsheft S. 12 Ü. 4

Bilde die entsprechenden Genitiv-Formen:
dominus, milites, horae, donum, qui, pax, liberi, magister, homines, tumultus, noster, patria

7. Ein Genitiv steht nicht gern allein

a Suche in jedem der folgenden Sätze einen Genitiv und das Wort, von dem er abhängt:

1. Servi magnum numerum[3] statuarum portant.
2. Proserpinae magna spes salutis est.
3. Iuppiter maximus omnium deorum est.
4. Ceres vocem filiae audire non potest.

3 numerus, -i m. Zahl, Anzahl

b Übersetze die Sätze.

c Bestimme die Rolle des Genitivs.

▸ Arbeitsheft S. 11 Ü. 3

8. Eine gute Verbindung

a Ordne die folgenden Adjektive ihren Deklinationen zu:
apertus, sapiens, publicus, miser, attentus, vehemens, honestus, celer, prudens, immortalis

b Bilde die Adverbien zu den Adjektiven.

c Ordne sie sinnvoll einem der folgenden Verben zu und übersetze die Verbindung:
disputare – decernere – laborare – dicere – amare – spectare – currere – agere – clamare – nuntiare

9. Auf die Grundform kommt es an – Adverbien

a Übersetze die folgenden Sätze:

1. Pueri celeriter ad forum currunt.
2. Servus tablinum caute intrat.
3. Socrates rem sapienter disputavit.
4. Bene egisti.

b Nenne zu den Adverbien das Adjektiv.

10. Im Deutschen ist manches anders: Genitiv

Übersetze die folgenden Sätze:

1. Boni magistri est discipulis fabulas pulchras narrare.
2. Consulum[4] est rem publicam regere.
3. Prudentis est deos immortales colere.

4 consul, consulis m. Konsul (oberster röm. Beamter)

11. Loquamur Latine: Ferien- und Freizeitpläne (fakultativ)

Benutze das Futur:
Quid feriis (cras/decima hora/cras mane ...) facies/facietis?

- domi *manere* → „Domi manebo."
- in insulam Cretam *ire/navigare* →
- thermas *frequentare* →
- etc.

12. Römische Spuren (fakultativ)

Erkläre die hervorgehobenen Fremdwörter.
Von welchen lateinischen Wörtern kommen sie?

1. Diese Behauptung streitet Peter vehement ab.
2. Susanne kuriert ihren Schnupfen.
3. Jens besitzt ein schönes Terrarium.

Gut wiederholt – vorbereitet für Lektion 15

Suche in den folgenden zwei Sätzen die Partizipien.
Welche Rolle erfüllen sie jeweils im Satz?

1. Valeria ist von ihrem Vater gelobt worden.
2. Die von ihrem Vater gelobte Valeria freut sich sehr.

Europa kam aus Asien

Eine Tochter des Königs von Phönizien hieß Europa. Phönizien lag im Gebiet der heutigen Länder Syrien und Libanon. In der folgenden Geschichte erfährst du, wie der Kontinent Europa zu seinem Namen kam:

Iuppiter, pater deorum hominumque, Europam, pulcherrimam omnium puellarum, iam diu observaverat. Amore puellae captus erat et in terram descenderat, quod Europam cognoscere cupiebat.

Aliquando Europa cum nonnullis puellis ludebat, cum[1] subito taurus ingens apparuit. Is taurus incredibili forma erat; cuius corpus colore niveo[2] erat. Erat pulchrior omnibus animalibus[3], quae in terra umquam visa erant.

Europa secum cogitavit: „Vultus tauri oculique placidi[4] sunt: Nonne taurus me se manibus tangere sinit? Nam ego cum eo ludere cupio. Quid iucundius esse potest quam taurum tangere?“

1 cum (mit Ind.) als
2 niveus, -a, -um schneeweiß
3 animal, animalis n. Tier, Lebewesen
4 placidus, -a, -um sanft, ruhig, freundlich

Etiam amicae eius animal[3] mirum conspexerunt, sed timoris plenae fuerunt. Itaque taurum celeriter fugiunt, filia autem regis sua sponte ad taurum adiit. Caute corpus eius tetigit. Brevi tempore flores pulcherrimos collegit et caput tauri iis ornavit. Tum taurus floribus ornatus valde gaudebat.

3 animal, animalis n. Tier, Lebewesen

Procul amicae forma tauri motae Europam magna voce monuerunt: „Cave! Scis enim tauros feriores esse quam alia animalia[3].“
Europa verbis amicarum monita tamen taurum tangere non desiit. Denique sine timore in tergo tauri consedit.

Europa auf dem Stier, griechisches Vasenbild (Antikensammlung Berlin)

Subito taurus se sustulit et celeritate incredibili locum reliquit. Amicae magno timore captae ne vestigia tauri tenuissima quidem cernere potuerunt.
Taurus cum Europa iter longum confecit et eam per mare[5] in insulam Cretam portavit. Ibi formam mutavit et dixit: „Ecce, Iuppiter sum. Amore tui impulsus te rapui. Nunc ego felicissimus omnium deorum sum.“ Quibus verbis pater deorum amorem suum Europae praebuit. Denique Europa Iovi tres filios peperit.

5 mare, maris n. Meer

a Gliedere den Text in Abschnitte. Begründe deine Gliederung durch die Tempora und Konnektoren.

b Im Text erfährst du, dass Europa drei Söhne zur Welt brachte. Einer dieser Söhne hieß Minos. Informiere dich in Büchern oder im Internet über diesen Sohn der Europa und verfasse seinen Steckbrief.

c Suche alle Partizipien im Text und beschreibe ihre Rolle im Satz.

▸ Grammatik S. 11

1. Wort-Netz

Knüpfe ein Wort-Netz zum Begriff *Liebe*.

2. Wortbildung: Vorsilben (Präfixe)

In dieser Lektion begegnen dir als neue Vokabeln zusammengesetzte Verben wie *ad-ire*, *re-linquere* und *con-ficere*:

a Stelle weitere zusammengesetzte Verben mit diesen Vorsilben (*ad-*, *re-*, *con-*) zusammen.

b Beschreibe, wie sich die Grundbedeutung der Verben durch diese Vorsilben jeweils verändert.

3. Ein Wort – mehrere Bedeutungen: forma

Übersetze folgende Sätze:

1. Forma Europae puellae Iovi valde placuit.
2. Iuppiter se in formam tauri mutavit, quod Europam amabat.
3. Is taurus propter formam Europae placuit.

4. Eine gute Verbindung 1

a Bestimme die Substantive und Partizipien nach Kasus, Numerus und Genus.

b Ordne den Substantiven ein sinnvolles Partizip zu. Alle Wörter dürfen nur einmal verwendet werden.

▸ Arbeitsheft S. 18 Ü. 7

amicis	collecto
matres	invitatis
hostes	amatas
flori	cultum
deum	depulsi

5. Eine gute Verbindung 2

a Bilde zu den folgenden Verben das PPP:
amare – aperire – occupare – parere – vendere – spoliare – rapere – parare

b Verbinde die Partizipien sinnvoll mit den folgenden Ausdrücken:
multi hostes – filius a patre – cibi a servis – porta – divitiae a viris ignotis – oppidum diu – mercator in Germania – merx

6. Tauschbörse

a Ordne den Adjektiven passende Substantive zu:

▸ Arbeitsheft S. 19 Ü. 9

durum	templa
aegrotae	negotium
incredibilis	flores
felix	discipulae
misera	uxor
pulchri	vita
clara	fama
prudens	

b Bilde die Steigerungsstufen und übersetze alle Verbindungen.

7. Zahn der Zeit (fakultativ)

Bereits die Römer legten Wert auf ein gut ausgebautes Straßensystem. Die *Via Appia* war der wichtigste Verkehrsweg von Rom nach Brindisi mit einer Länge von ca. 540 km. Die *Via Flaminia* war ca. 280 km lang und führte von Rom nach Rimini; die *Via Aurelia* von Rom bis nach Pisa hatte eine Länge von ca. 340 km. Diese Sachverhalte lassen sich durch verschiedene Aussagen ausdrücken, z. B.:

Via Appia longior est quam Via Flaminia.

Vervollständige die folgenden Aussagen mit den Steigerungsformen von *longus* und *brevis*. Verwende die eingeklammerten Straßennamen als Vergleichspunkte.

1. Via Flaminia et Via Aurelia ______ (Via Appia).
2. Earum viarum ______ (Via Flaminia).
3. Via Aurelia ______ (Via Appia).
4. Via Flaminia ______ (Via Appia et Via Aurelia).
5. Earum viarum ______ (Via Appia).

8. Im Deutschen ist manches anders: Superlativ

Der Superlativ kann im Deutschen auf verschiedene Art und Weise ausgedrückt werden.

Marcus discipulus attentissimus est.		Marcus ist der aufmerksamste Schüler. (Superlativ)
	oder	Marcus ist ein sehr aufmerksamer Schüler. (Elativ)

Suche treffende Übersetzungen für die folgenden Sätze:

1. Puella pulcherrima Iovi placuit.
2. Dux clarissimus triumphum[1] egit.
3. Vita miserrima omnium hominum nonnullis servis est.
4. Discipuli felicissimi sunt, quod feriae[2] adsunt.

1 triumphus, i m. Triumphzug

2 feriae, -arum f. Ferien

9. Im Deutschen ist manches anders: Partizip (fakultativ)

Übersetze die folgenden Sätze und entscheide dich bei den Partizipialkonstruktionen für eine passende Übersetzungsmöglichkeit:

► Grammatik S. 12–13

Nonnulli mercatores Romani a Germanis spoliati Publio de magnis periculis Germaniae narraverunt. Iis verbis motus Publius tamen sine timore in Germaniam abiit[3] ibique multas merces vendebat. Eae merces multis locis venditae Germanis valde placebant. Aliquando autem magnus ursus[4] ante oculos Publii apparuit; itaque Publius timore oppressus cogitavit: „Quomodo ursum[4] depellere possum?“ et clamavit: „Auxilium!“ Id verbum magna voce clamatum alii homines audiverunt et cum Publio animal depulerunt. Itaque ursus[4] e via depulsus in silvam[5] fugit. Homines ex ursi[4] periculo servati pleni gaudii fuerunt. Publius, postquam e Germania Romam rediit, saepe atque libenter matri amicisque de urso[4] a se depulso narrabat.

3 abire, abeo, abii weggehen

4 ursus, -i m. Bär

5 silva, -ae f. Wald

Gut wiederholt – vorbereitet auf die Lektion 16

Bilde im Deutschen die Steigerungsformen von *schön* und *gut*. Was fällt dir auf?

Ein Held in Schwierigkeiten

Der bekannteste Held der Antike war Herakles (lat.: *Hercules*). Er musste für seinen Vetter Eurystheus jahrelang schwere Arbeiten ausführen.
Dafür wurden ihm die Aufnahme in den Olymp und die Ehe mit einer Göttin versprochen.
Herkules war nicht nur für seine Heldentaten bekannt, sondern auch für sein unbeherrschtes Temperament und seinen übermäßigen Hunger und Durst.

Statue des Herkules (sogenannter Hercules Farnese)

Hercules Iovis filius erat. Postquam Hercules iam multos labores confecit, Eurystheus rex eum plures labores conficere iussit.
Unus ex iis laboribus fuit hic:

1 regnare regieren
2 purgare reinigen, saubermachen
3 stercus, stercoris n. Mist

Illis temporibus in Graecia regnabat[1] rex Augias, cui maximae divitiae erant. Nam illi regi erant plurimi boves, quorum stabula numquam purgata[2] erant. Itaque copia stercoris[3] ingens erat.
Quod homines odore pessimo illius stercoris[3] vexati erant, boves atque stabula Augiae in odio erant. Rex a civibus auxilium rogatus tamen nihil fecit.

Rex Eurystheus postquam haec audivit, de novo labore cogitavit et Herculem stabula Augiae purgare[2] iussit. Hercules autem, postquam stabula stercoris[3] plena vidit, se copiam stercoris[3] suis manibus removere non posse et hunc laborem peiorem omnibus aliis laboribus esse cognovit. Itaque Hercules secum: „Hoc labore non delectabor, quod ne gloria quidem mea augebitur.“ Tamen ira motus ad Augiam regem iit et se ab Eurystheo rege stabula eius purgare[2] cogi dixit.

Tum rex Augias: „Purga[2] haec stabula uno die, tum tibi magnam partem horum boum dabo.“

Hercules diu secum cogitabat: „Quomodo hunc laborem conficere possum? Illi labores, quos antea confeci, faciliores erant. Manibus stabula non purgabo[2], sed alio modo stabula purgari[2] possunt."

Tum aquam fluminis per stabula duxit. Hoc modo stabula purgata[2] et homines ab odore pessimo liberati sunt. Hercules postquam hunc laborem confecit, statim ad regem Augiam iit et magna voce: „Stabula", inquit, „purgavi[2], nunc da mihi boves promissos!" At rex Augias se nihil ei promisisse respondit. Praeterea eum stabula non manu sua purgavisse[2], sed aquam fluminis stabula purgavisse[2] dixit.

2 purgare reinigen, saubermachen

Werbeplakat der Herkules-Fahrradwerke (1895)

a Stelle zusammen, in welchen Bereichen dir der Name des Herkules im täglichen Leben schon begegnet ist.

b Sammle die Nomen, die mehr als zweimal im Text vorkommen. Versuche anhand dieser Nomen, den Gang der Handlung zu erschließen.

c Fasse den Text zusammen, indem du folgende W-Fragen beantwortest: Wer handelt? Was wird beschrieben? Wo spielt die Handlung? Wie sind die Umstände?

d Stelle die Steigerungsformen für die Adjektive *malus, magnus, multi* aus dem Lektionstext zusammen.

▸ Grammatik S. 14

e Suche die neuen Verbformen heraus; welches Merkmal fällt dir bei den Endungen besonders auf?

▸ Grammatik S. 16

f Nam illi regi erant plurimi boves, quorum stabula numquam purgata erant. Eine Information über den Hergang des Saubermachens fehlt in diesem Satz; welche und warum?

g Suche ein weiteres Textbeispiel dafür.

1. Ein Wort – mehrere Bedeutungen: regere

Übersetze folgende Sätze:

1. Pluto et Proserpina mortuos regebant.
2. Hercules aquam fluminis in stabula Augiae rexit.
3. Consul[1] rem publicam regebat.

1 consul, consulis m. Konsul (höchster römischer Beamter)

2. Ein Wort – mehrere Bedeutungen: cogere

Übersetze folgende Sätze:

1. Eurystheus Herculem stabula purgare[2] coegit.
2. Hercules boves in stabula purgata[2] cogit.
3. Consul[1] omnes senatores in curiam coegit.
4. Saepe res facere cogimur, quae nobis non placent.

2 purgare reinigen, saubermachen

3. Wortbildung: Nachsilben (Suffixe)

In dieser Lektion hast du Substantive auf *-or* wie *od-or* kennen gelernt:
Sie sind in der Regel maskulin und gehören immer zur konsonantischen Deklination.
Stelle weitere Substantive dieser Art zusammen.

4. Wort-Netz

Stelle Wörter und Ausdrücke zusammen, die zu einem *Helden* passen.

5. Im Deutschen ist manches anders

Übersetze folgende Sätze:

1. Hercules se multos labores confecisse dixit.
2. Eurystheus autem eum alios quoque labores conficere iussit.
3. Sed Hercules se his laboribus non delectari cognovit.
4. Itaque Eurystheus eum valde iratum esse vidit.

6. Tauschbörse: Komparativ

▸ Arbeitsheft S. 25 Ü. 3

a Vertausche die Konstruktion.
Beispiel: Hercules fortior erat quam rex. → Hercules fortior erat rege.
1. Hercules erat maior quam amici.
2. Taurus Europae maior erat ceteris[3] animalibus[4].
3. Labor Herculis peior erat quam alii labores.

b Wandle die neuen Sätze mit Komparativ-Formen in Sätze mit Superlativ-Formen um.

3 ceteri, -ae, -a die übrigen

4 animal, animalis n. Tier, Lebewesen

7. Auf deine Entscheidung kommt es an

Wer ist jeweils *hic*, wer *ille*?

▸ Arbeitsheft S. 25 Ü. 2

1. Cicero magnus vir Romanus fuit, Caesar magnus dux Romanorum fuit.
2. Illi litterae Latinae placuerunt, huic multi milites paruerunt[5].
3. Hic imperator magnus fuit, ille multos Romanos movit.
4. Illum amici et propinqui amaverunt, hunc multi Romani amaverunt.

5 parere, pareo, parui gehorchen

8. Tauschbörse: Aktiv → Passiv: alle Tempora

Vertausche Aktiv und Passiv und übersetze jeweils die neu gebildete Form:
vexati sunt – laudabat – amabunt – captum erat – augebat – cogeris – misi

▸ Arbeitsheft S. 26 Ü. 4 u. 5

9. Tauschbörse: Aktiv → Passiv: Sätze (fakultativ)

a Mache die aktivischen Aussagen zu passivischen und umgekehrt.
Beispiel: Taurus Europam portat. → Europa a tauro portatur.
1. Europa taurum spectat.
2. Forma a tauro mutata est.
3. Puella taurum ornabat.
4. Europa ab amicis monita erat.

b Übersetze die Satzpaare.

10. Loquamur Latine: Lob und Tadel auf Latein (fakultativ)

Mihi places – optimus amicus / optima amica es.
Mihi displices – pessimus amicus / pessima amica es.

11. Streichkonzert

Ordne den Sätzen die jeweils richtige Übersetzung zu.
1. Audies. – Du wirst hören. / Du wirst gehört.
2. Proserpina vitam iucundam amabit. – Von Proserpina wird das angenehme Leben geliebt. / Proserpina wird das angenehme Leben lieben.
3. Poeta[6] multas fabulas scribet. – Viele Geschichten wird der Dichter schreiben. / Der Dichter schreibt viele Geschichten. / Der Dichter hat viele Geschichten geschrieben.
4. Magistri discipulos bonos semper laudabunt. – Die guten Schüler werden immer von den Lehrern gelobt werden. / Lehrer werden immer gute Schüler loben. / Die guten Schüler des Lehrers werden immer gelobt.
5. Audiris – Du wirst hören. / Man hört dich.
6. Discipuli a magistro laudantur. – Die Schüler werden den Lehrer loben. / Die Schüler werden vom Lehrer gelobt werden. / Die Schüler werden vom Lehrer gelobt.
7. Multae fabulae discipulis narrantur. – Viele Geschichten werden von den Schülern erzählt. / Die Schüler werden uns viele Geschichten erzählen. / Viele Geschichten werden den Schülern erzählt.

6 poeta, -ae m. Dichter

Gut wiederholt – vorbereitet auf die Lektion 17

Suche die Partizipien in folgenden Sätzen:
Marcus saß lesend im Garten. – Die gefüllte Kalbsbrust war ausgezeichnet.
Wie unterscheiden sich die Partizipien in ihrer Bedeutung?

Test Lektion 14 – 16

Der Rinderraub des Cacus

Herakles hatte im Auftrag des Königs Eurystheus den Riesen Geryoneus im Kampf getötet und trieb nun dessen Rinderherde nach Griechenland. Dabei kam er in die Gegend, in der später Rom liegen wird, und ließ die Herde grasen. Das beobachtete heimlich der räuberische Riese Cacus, der in einer Höhle im Aventin hauste ...

Tum Cacus: „Numquam pulchriores boves vidi!" Itaque plures boves rapuit et in speluncam[1] suam caute duxit – itaque signa[2] non erant. Hercules autem, postquam plurimos boves deesse vidit, statim eos quaesivit, sed reperire non potuit. Subito voces boum audivit et eo modo speluncam[1] Caci repperit.
Tum Hercules ira motus Caco mortem parare cupiebat.
Denique virum pessimum necavit et boves secum duxit.

1 spelunca, -ae f. Höhle
2 signum, -i n. Zeichen, Spur

Textvorerschließung

Verschaffe dir einen Überblick – wovon handelt der Text?

a Welche Informationen gibt dir die Textumgebung (Überschrift, Einleitungstext, Bild)?
b Welche Personen kommen im Text vor?
c Was für eine Art Text liegt hier vor (Erzählung, Brief, Dialog)?
Welche äußeren Anhaltspunkte im Text belegen deine Einschätzung?

d Welche Nomen (keine Eigennamen!), welche Verben kommen mehr als einmal im Text vor?
e Fasse dein Vorverständnis zusammen, indem du folgende W-Fragen beantwortest: Wer handelt? Was wird beschrieben? Wo spielt die Handlung? Wie sind die Umstände?

Antike Kultur
Wiederhole, was du zu der „Vorgeschichte" des Textes weißt: Herakles und seine Taten.

Übersetzungstraining

a Welche Wörter gehören zusammen? Finde Wortblöcke (Substantiv, ggf. mit Präposition, + Attribut, Partizip und Bezugswort).
b Unterscheide Haupt- und Nebensätze.
c Wo stehen bei der Übersetzung ins Deutsche jeweils die Prädikate?

Übersetzung

Übersetze diesen Text.

Sprachbetrachtung

Vergleiche deine Ergebnisse mit der Lösung auf S. 144
a Falls du eine abweichende Erwartung über den Inhalt des Textes hattest: Welche Signale hast du falsch gedeutet?
b Konntest du die W-Fragen richtig beantworten? Welche Beantwortung fiel dir nicht leicht?
c Welchen Vorteil hat es dir beim Übersetzen verschafft, dass du eine Vorstellung von dem Inhalt hattest?
d Hast du nicht alle Wortblöcke herausgefunden? Dann solltest du im Grammatik-Begleitheft 1 auf S. 10 nachlesen, was dort zum Thema „Kongruenz" steht.
e Hattest du Schwierigkeiten, Haupt- und Nebensätze zu unterscheiden? Dann lies dazu das Übersetzungstraining S. 84.
f Warst du unsicher, wo das Prädikat im Deutschen steht? Dann lies dazu das Übersetzungstraining S. 84.
g Hattest du Schwierigkeiten, Partizip und Bezugswort zu identifizieren und den Partizipialblock zu übersetzen? Dann lies dazu Grammatik-Begleitheft 2 S. 11–13.
h Hast du Fehler gemacht bei der Übersetzung von Komparationsformen? Dann lies dazu Grammatik-Begleitheft 2 S. 9.

Versuche, die Art deiner Fehler zu unterscheiden (Vokabeln, Formen des Verbs und des Nomens):
Bei zu vielen Vokabelfehlern: Wiederhole die Vokabeln der Lektionen 14–16.
Bei zu vielen Formenfehlern: Wiederhole Grammatik-Begleitheft 2 S. 4–6, 8–9 und 14–16.

Bei welchen Textpassagen hat dir deine Kenntnis der Vorgeschichte weitergeholfen?

Kretische Mythen: das Labyrinth

Pablo Picasso: Minotaure. Collage: Bleistift auf Papier, Wellpappe, Silberfolie und andere Materialien (1933)

Theseus tötet den Minotaurus. Griechisches Vasenbild (540 – 530 v. Chr.)

Tontafel mit der Darstellung eines Labyrinths, gefunden im Palast von Pylos (Peloponnes, Griechenland, vor 1200 v. Chr.)

Der minoische Palast von Knossos, zerstört im 14. Jh v. Chr., Luftbild der modernen Ausgrabungen und Rekonstruktionen

Die Mythen Kretas haben immer wieder Menschen in vielen Ländern Europas beeindruckt. Deshalb ist Kreta und seine Vergangenheit auch im alltäglichen Sprachgebrauch noch immer gegenwärtig: Wir sprechen vom **Faden der Ariadne**, verirren uns schon mal in einem **Labyrinth** usw.

1. Informiere dich darüber, welche Geschichte hinter diesen Namen verborgen ist.
2. Was ist mit dem Wort *Labyrinth* und den Namen *Ariadne*, *Minotaurus* und *Theseus* gemeint?

Kretische Mythen: Dädalus und Ikarus

Dädalus und Ikarus; römisches Marmor-Relief (2. Jh. n. Chr.)

Dädalus gilt als genialer Baumeister. Er hat das **Labyrinth** für den **Minotaurus** geschaffen. Aber er hat auch einen Menschheitstraum wahr werden lassen: Um von der Insel fliehen zu können, hat er für sich und seinen Sohn Ikarus **Flügel** gebaut. So konnten sie trotz Bewachung Kreta verlassen. Leider endete das Unternehmen durch den Leichtsinn des Sohnes tragisch.

Carlo Saraceni: Sturz des Ikarus. Ölgemälde (1606)

3. Informiere dich über die Geschichte von Dädalus und Ikarus.
4. Warum sollte man eine Fluglinie nicht Ikarus-Airlines nennen?
5. Woran kann man erkennen, dass die Geschichte ausgedacht ist?

Griechen in Not

Im 10. Jahr des Kampfes um die Stadt Troja gelang es den Trojanern, die angreifenden Griechen bis zu ihren Schiffen zurückzudrängen.

1 terribilis, terribile schrecklich

Statim Patroclus ad castra Graecorum contendit. Militibus appropinquans terribilia[1] vidit. Nam Agamemnon, Ulixes, Diomedes, quamquam fortissime pugnaverant, iam vulnerati erant. Etiam Machaon, medicus Graecorum, graviter vulneratus dolores ingentes sustinebat. Quibus rebus territus Patroclus spem omnem paene amisit. Itaque celerrime per castra cucurrit, sed saepius ei viri Graeci obviam ibant, qui auxilium petentes eum retinebant.

Tum etiam Nestor senex, sapientissimus Graecorum, Patroclum adiens: „Quis“, inquit, „crudelius agere potest quam Achilles? Eius iram maximam esse scio. Sed tu, Patrocle, prudentior es quam ille. Tu amico persuade! Redite in aciem Graecorum!“

His verbis motus Patroclus nihil libentius facere cupivit quam cum Achille in proelium redire. Dum Patroclus ad Achillem redit, alio loco Hector cum exercitu Troiano celerius naves Graecorum adibat. Ibi Aiax, vir optimus Graecorum, virtute maxima certabat. Etiam tum Graeci vallum, quod inter naves et hostes erat, defendebant. Vehementissime resistentes tamen a Troianis victi sunt. Eo modo via ad naves aperta fuit. Tum Aiax pro navibus fortissime pugnans diutius resistere non iam potuit et tandem etiam Apollini pro Troianis pugnanti cessit. Denique Aiax in undas contendens salutem petivit. Troiani autem deos sibi victoriam dedisse facilius crediderunt: Naves Graecorum arserunt.

Tum Patroclus ad Achillem venit et vehementissime ab eo petivit: „Nostris adesse debes! Curre ad naves ardentes!“ Sed Achilles maxima ira permotus suum auxilium negavit. Itaque Patroclus: „Sortem miserrimam“, inquit, „fratres nostri iam subierunt. Quibus auxilium sperantibus ego adero. Da mihi arma tua magnifica, quibus saepissime tot hostes superavisti.“

Et Achilles preces amici probavit. At mortem amici timens Achilles a Iove vitam pro Patroclo rogavit – sed frustra …

Kampf um die Leiche des Patroklos. Griechisches Vasenbild (um 530 v. Chr.)

a Die Handlung im Text spielt an unterschiedlichen Schauplätzen. Gliedere den Text in entsprechende Abschnitte. Zeige auf der Illustration S. 31, an welchem Schauplatz jeder Abschnitt spielt.

b An welchen Wörtern erkennst du jeweils, dass der Schauplatz wechselt?

c Gestalte zu den Abschnitten des Textes jeweils ein Tempusprofil, indem du die verwendeten Tempora bestimmst. Nenne die Zeitstufe, in der die Geschichte spielt.

d Gib anhand der Tempora auch an, in welchen Sätzen du etwas über den Hintergrund der Ereignisse erfährst und in welchen die aktuellen Ereignisse selbst beschrieben werden.

e Das Tempusprofil und die Überschrift geben dir Hinweise, um welche Art von Text es sich in dieser Lektion handelt.

f Die Geschichte stellt den Wendepunkt im Trojanischen Krieg dar. Überlege dir, wie die Geschichte weitergeht und beachte dabei die Informationen, die du aus dem Lektionstext erfahren hast.

g Finde im Text die gesteigerten Adverbien heraus. Sortiere sie nach ihren Endungen und beschreibe ihre Bildungsweise.

▸ Grammatik S. 8–9

h Suche aus dem Text die Sätze mit einem PPP / Partizip der Vorzeitigkeit heraus.

▸ Grammatik S. 11–13

i Die neue Form *appropinquans* in Zeile 2 ist das Partizip der Gleichzeitigkeit / Präsens Aktiv (PPA). Dasselbe gilt z. B. für *petentes* in Zeile 7. Im Text finden sich weitere Partizipialformen dieser Art.
Beschreibe den Unterschied zwischen den beiden Partizipialformen PPP und PPA.

INFO

Das Urteil des Paris

Als König Peleus von Thessalien die göttliche Meeresnymphe Thetis heiratete, waren auch alle Götter eingeladen – mit Ausnahme von Eris (Discordia), der Göttin der Zwietracht. Aus Rache warf sie einen **goldenen Apfel** mit der Aufschrift **„Für die Schönste“** unter die Gäste. Sofort stritten sich drei Göttinnen um den Apfel: Hera (Iuno), Athene (Minerva) und Aphrodite (Venus).
Aber die anderen Götter wollten diesen Wettstreit nicht selbst entscheiden. Also schickte Zeus (Jupiter) seinen Boten Hermes (Merkur) zu dem trojanischen Königssohn Paris. Er sollte bestimmen, welche der drei die Schönste sei.
Die Göttinnen versuchten Paris zu bestechen: Hera versprach ihm Macht und Reichtum, Athene Weisheit und Geschicklichkeit und Aphrodite die schönste Frau der Welt. Paris fällte sein Urteil und gab **Aphrodite** den goldenen Apfel.

INFO

Der Raub der Helena

Viele Jahre später war Paris von seinem Vater Priamos, dem König von Troja, als Botschafter nach **Sparta** zu König Menelaos geschickt worden. Menelaos war mit Helena verheiratet, die damals als die schönste Frau Griechenlands galt. Nun hielt Aphrodite ihr Versprechen und sorgte dafür, dass sich Paris und Helena ineinander verliebten. Als Paris die Heimreise antreten musste, nahm er Helena mit nach Troja, wo beide dann zusammen am Königshof lebten.

Der Beginn des Feldzugs gegen Troja

Menelaos aber wollte sich für den Ehebruch und die Verletzung der Gastfreundschaft rächen und rief alle griechischen Fürsten zum Feldzug gegen Troja auf. Alle folgten seiner Aufforderung, darunter sein Bruder **Agamemnon**, der mächtige König von Mykene, und **Odysseus**, der listige König von Ithaka. Aber obwohl bereits eine große Zahl Soldaten und Schiffe bereitstanden, fehlte noch ein besonders starker und tapferer Krieger. Ein Wahrsager hatte den Griechen nämlich vorhergesagt, dass **Achill**, der Sohn des Peleus und der Thetis, für den Krieg gegen Troja unentbehrlich sei. Also wurde Odysseus beauftragt, den jungen Mann zum Heer zu holen. Achill kam und brachte seinen besten Freund Patroklos mit, der mit ihm am Hof des Peleus erzogen worden war.

Die Griechen ernannten Agamemnon zu ihrem obersten Befehlshaber und segelten an die Küste Kleinasiens. Dort schlugen sie in der Nähe von Troja ein riesiges Lager auf und begannen mit der Belagerung der Stadt.

INFO

Der Verlauf des Krieges und der Zorn des Achill

Immer wieder kam es zu Kämpfen zwischen Trojanern und Griechen. Bei den Trojanern war der tapferste und beste Kämpfer der älteste Sohn des Priamos, **Hektor**, bei den Griechen übertrafen **Achill** und **Ajax** alle übrigen.
Die Griechen bestürmten aber nicht nur die gut befestigte Burg, sondern unternahmen auch Streifzüge in die Umgebung von Troja, besiegten dort kleinere Gebiete und brachten viele Gefangene und Beutestücke ins griechische Lager, wo man alles untereinander aufteilte.
Einmal verlangte **Agamemnon**, der auf den Ruhm des Achill neidisch war, eine Gefangene namens Briseis, die Achill als Dienerin zugesprochen worden war. **Achill**, der glaubte, dass Agamemnon immer den größten Beuteanteil für sich behielt, weigerte sich zunächst. Es kam zu einem erbitterten Streit. Schließlich gab Achill das Mädchen zwar heraus, schwor aber wutentbrannt, Agamemnon nicht mehr zu gehorchen und nicht mehr für ihn zu kämpfen. Er blieb in seinem Zelt und verbot auch seinen Männern zu kämpfen.
Schließlich gelang es den Trojanern, die Griechen bis zu ihren Schiffen zurückzudrängen. Obwohl die Griechen sich unter Führung des Ajax mit allen Kräften wehrten, schienen sie die Schlacht zu verlieren. Da bat **Patroklos** Achill um Hilfe. Achill weigerte sich zwar, lieh Patroklos aber seine Waffen und seine Rüstung und erlaubte ihm, seine Männer in die Schlacht zu führen. Im erbitterten Kampf wurde Patroklos schließlich von Hektor erstochen. Achill war fassungslos vor Trauer. Er versöhnte sich mit Agamemnon, nahm wieder am Krieg teil und rächte sich für den Tod seines Freundes, indem er Hektor im Zweikampf tötete.

INFO

Der Untergang der Stadt Troja

Zehn Jahre kämpften Griechen und Trojaner gegeneinander, doch keine Seite gewann entscheidende Vorteile. Denn die olympischen Götter mischten sich in die Kämpfe ein: Einige von ihnen standen auf der Seite der Griechen: Hera, Athene, Hermes (Mercurius), Thetis, Poseidon (Neptunus) und Hephaistos (Vulcanus), der Gott des Feuers und der Schmiedekunst. Dagegen unterstützten Aphrodite, Apollo (Phoebus), Artemis (Diana) und der Kriegsgott Ares (Mars) die Trojaner. Und wie die Menschen vor Troja kämpften die Götter im Olymp miteinander.

Doch Zeus hatte entschieden, dass die Griechen gewinnen sollten. Nachdem auf beiden Seiten alle berühmten Krieger den Tod gefunden hatten, entwickelte **Odysseus** eine List. Er ließ die Griechen ein riesiges Holzpferd bauen. Darin versteckten sich einige Krieger. Dann bestiegen alle Griechen die Schiffe und taten so, als wollten sie nach Haus segeln. Ein Mann namens Sino blieb am Strand zurück. Er gab vor, aus dem griechischen Heer ausgestoßen worden zu sein und redete den Trojanern ein, das Pferd sei ein Geschenk für Athene. Die Trojaner waren froh, dass der Krieg vorbei war, und zogen das Pferd trotz der Warnung eines Priesters in die Stadt. Sobald sie nach den Siegesfeiern eingeschlafen waren, kletterten die Krieger aus dem Pferd heraus, öffneten ihren Gefährten, die heimlich zurückgesegelt waren, die Stadttore und richteten ein fürchterliches Blutbad an. Der König und die meisten Männer Trojas fanden den Tod, die meisten Frauen wurden als Kriegsgefangene nach Griechenland gebracht. Nur wenige Männern konnten unter Führung des **Aeneas** aus dem brennenden Troja fliehen. Aeneas hatte als Sohn der Göttin Aphrodite von Zeus den Auftrag erhalten, zusammen mit seinem Sohn Askanius, der später Iulus genannt wurde, in Italien den Grundstein für ein Weltreich zu legen.

1. Wort-Netz

Stelle aus dem Lektionstext alle Wörter und Wendungen zusammen, die mit dem Thema *Tapferkeit und Kämpfen* zusammenhängen.

2. Ein Wort – mehrere Bedeutungen: petere

Petere bezeichnet eine ziemlich heftige Bewegung, die sich auf ganz unterschiedliche Ziele richten kann. Deswegen gibt es viele Übersetzungsmöglichkeiten. Ordne zu und übersetze die Wortgruppen im Ganzen:

pacem petere	... eilen
castra petere	um ... bitten
patriam armis petere	... suchen
salutem petere	... angreifen
auxilium petere	... fordern

3. Auf die Grundform kommt es an

▸ Arbeitsheft S. 31 Ü. 2

a Bestimme die Substantive und Partizipien nach Kasus, Numerus und Genus.
b Ordne jedem Substantiv ein passendes Partizip zu.
c Führe die Wortgruppen auf den Nominativ zurück.

amicos	roganti
deorum	cognoscentes
discipuli	contendentium
hostes	pugnantes
senatori	salutantis

4. Eine gute Verbindung 1

▸ Arbeitsheft S. 32 Ü. 4

a Bilde zu den folgenden Verben das PPA:
amare – audire – delectare – narrare – canere – aspicere – spectare

b Bilde sinnvolle Verbindungen aus je einem PPA und einer der folgenden Wortgruppen. Achte auf die KNG-Kongruenz.
Marcus carmen[1] laetum – Iulia maritum[2] valde – magister fabulam longam – avus Lucium dono – puellae vestes[3] pulchras – Europa taurum niveum[4]

c Übersetze die Wortgruppen jeweils als temporalen, kausalen oder konzessiven Nebensatz bzw. als Relativsatz und ergänze sie auf Deutsch zu einem vollständigen Satzgefüge. Beachte die Gleichzeitigkeit/ das Zeitverhältnis.

Beispiel: audire → audiens; Discipuli attente audientes ...;
Obwohl die Schüler aufmerksam zuhören, vergeht die Zeit bis zum Schulschluss nur sehr langsam.

1 carmen, carminis n. Lied, Gedicht
2 maritus, -i m. Ehemann
3 vestis, -is f. Kleid
4 niveus, -a, -um schneeweiß

5. Eine gute Verbindung 2 (fakultativ)

Bilde zu den folgenden Adverbien jeweils Komparativ und Superlativ/Elativ.
attente – tute – beate – laete – fortiter – misere

6. Tauschbörse: Subjekt → Objekt

a Mache das Subjekt zum Objekt, das Objekt aber zum Subjekt. Achte auch auf das Prädikat.

1. Senex fratrem salutat.
2. Taurus ingens Europam pulchram delectavit.
3. Rex Troianorum hostes feros non timuit.
4. Uxor marito[2] affuit.

b Übersetze alle neuen Sätze.

7. Streichkonzert

▸ Arbeitsheft S. 32 Ü. 5

Suche die passende Form und ergänze so, dass jeweils ein sinnvoller Satz entsteht. Übersetze den ganzen Satz:

prudentissime – breviter – fortissime – vehementissime – cautissime – celerius – tenuissime – sapientius – tutissimum – maxime – minime – pessime

1. Achilles ___ certavit.
2. Servi cibos ___ portant.
3. Europa taurum ___ tetigit.
4. Hercules laboribus Eurysthei ___ delectabatur.

8. Satzbaustelle

a Fülle jeweils ein passendes Partizip in die Satzlücke (beachte Sinn *und* KNG).

pugnantibus – promittentem – aspiciens – motae – captus

1. Iuno et Minerva magna ira ___ bellum cum Troianis gerere constituerunt.
2. Paris Helenam ___ amore eius captus est.
3. Paris amore Helenae ___ uxorem regis Spartae rapuit.
4. Troianis magna virtute ___ victoria a Iove data non est.

b Wähle eine treffende Übersetzung.

9. Im Deutschen ist manches anders

Finde möglichst viele treffende Übersetzungen für die Elative in den folgenden Sätzen.

1. Magister discipulos vehementissime monuit.
2. Liberi in horto laetissime ludunt.
3. Hercules labores optime confecit.

10. Hier Latein, dort Englisch

a Ordne den beiden englischen Übersetzungen die passende Stelle aus dem Lektionstext zu:

1. Approaching the soldiers …
2. … help those hoping for help

b Vergleiche die Bildungsweisen des Partizips im Lateinischen und im Englischen: Welche Unterschiede erkennst du?

Gut wiederholt – vorbereitet für Lektion 18

Während Achill in seinem Zelt schmollte, zündeten Trojaner die griechischen Schiffe an.
Während ist eine Subjunktion und leitet einen Temporalsatz ein.
Bilde im Deutschen weitere Temporalsätze mit anderen Subjunktionen.

Gefährliche Sirenen

Nach der Eroberung Trojas kehrten fast alle Griechen in ihre Heimat zurück. Nur die Heimfahrt des Odysseus (lat.: *Ulixes*) verzögerte sich, weil er oft Schiffbruch erlitt.

Ulixes postquam decem annos in mari erravit et omnes socios navesque amisit, ad insulam Phaeacum pervenit. Nausicaa autem filia regis cum puellis ad mare ambulabat[1] et subito Ulixem nudum[2] in litore iacentem repperit. Virum ignotum adiit et paene mortuum esse vidit.

Misericordia autem viri permota puellas ei celerrime vestem dare iussit. Tum ad cenam[3] eum invitavit[4]. Postquam cenaverunt[5], Ulixes de erroribus rogatus narravit:

„Postquam moenia Troiae cum sociis reliqui, non solum multas urbes moresque hominum cognovi, sed etiam vim animalium ignotorum. Per mare errantes sitim[6] famemque vix sustinere potuimus.
Cum naves nostrae tempestatibus ingentibus agitatae sunt, vires nos defecerunt.
Non solum animalia ignota, sed etiam deas cognovi. Inter eas fuit Circa, quacum unum annum vixi. Circa me monebat:
‚Cave pericula maris! Mare enim plenum est animalium, quorum vis maior est quam vires tuorum sociorum. Imprimis cave Sirenes, quae sunt mulieres mirae speciei! Sirenes in saxis sedentes vi dulcis vocis viros ad se alliciunt[7] et omnibus perniciem parant.‘

1 ambulare spazieren gehen
2 nudus, -a, -um nackt
3 cena, -ae f. Essen, Mahlzeit
4 invitare einladen
5 cenare essen, speisen
6 sitis, sitis f. Durst
7 allicere anlocken

INFO

Odysseus

Wir kennen den Helden Odysseus aus zwei berühmten Erzählungen des griechischen Dichters Homer: *Ilias* und *Odyssee*. In der *Ilias* beschreibt Homer einen Teil des Kampfes um Troja und in der *Odyssee* schildert er, wie Odysseus erst nach langer Irrfahrt und glücklich überstandenen Abenteuern nach Hause gelangt. Auch dort hat er wieder weitere Kämpfe um seine Frau Penelope und seinen Besitz zu bestehen.
Bei Homer wird Odysseus als tapfer, listenreich und erfindungsreich, bei anderen Dichtern aber wird er als schlau, durchtrieben und rücksichtslos charakterisiert.
Während seiner langen Irrfahrten erlebte Odysseus viele **Abenteuer**, unter anderem hielt er sich bei der Zauberin **Kirke** auf. Sie verwandelte die Gefährten des Odysseus in Schweine. Nachdem Odysseus Kirke gezwungen hatte, diese Verwandlung rückgängig zu machen, verliebte sie sich in ihn und lebte eine Zeit lang mit ihm zusammen.

Quod voces earum sine periculo audire cupivi, haec feci: Aures sociorum cera[8] explevi. Me autem ad malum alligari[9] iussi. Ubi voces Sirenum audivi, eis appropinquare desideravi, sed vincula firma me tenuerunt. At illi voces Sirenum non audientes maximis viribus navem impulerunt. Ut primum longe a Sirenibus afuimus, socii me solverunt, ego autem aures eorum cera[8] liberavi."

Omnes Ulixem narrantem attente audiebant, Nausicaa autem amore adducta eum spectabat. Sed ille de Ithaca insula et de Penelopa uxore cogitans puellam neglexit.

8 cera, -ae f. Wachs

9 ad malum alligare an den Mast binden

Das Schiff des Odysseus und die Sirenen. Griechisches Vasenbild aus Paestum (ca. 330 v. Chr.)

a Suche alle Eigennamen aus dem Text heraus und kläre, um wen es sich handelt.

b Gliedere den Text anhand der Schauplätze.

c Achte besonders in den Zeilen 8–24 auf die Verbformen. Was sagen sie dir über die Art des Textes? Vergleiche diese Textsorte mit der in Lektion 17.

d Vergleiche den Helden Odysseus mit dem Helden Patroklos aus Lektion 17.

e Suche aus dem Text alle temporalen Nebensätze heraus und bestimme ihr Zeitverhältnis zum übergeordneten Satz.

▸ Grammatik S. 21

1. Gegensätze ziehen sich an
Bilde aus den folgenden Wörtern Gegensatzpaare:
pax – amicus – pauci – nox – homo – terra – rogare – mulier – dies – abesse – magnus – animal – numquam – bellum – longus – hostis – parvus – mare – semper – multi – respondere – vir – adesse – brevis

2. Wortbildung: neue Substantive
Du kennst die Substantive *tempes-tās* (Gen. *tempes-tāt-is* f. < *tempus*) und *vir-tūs* (Gen. *vir-tūt-is* f. < *vir*). Mit den Nachsilben *-tās* und *-tūs* werden im Lateinischen aus Adjektiven oder Substantiven neue Substantive gebildet, die dann immer feminin sind und konsonantisch dekliniert werden.

a Stelle weitere Substantive mit den Nachsilben *-tās* und *-tūs* zusammen und erläutere die Bildeweise.

b Nenne die Bedeutung der folgenden, dir eigentlich unbekannten Substantive: *iuven-tūs, senec-tūs, gravi-tās, brevi-tās, immortāli-tās.*

3. Wort-Netz 1
Stelle Ausdrücke des Sachfelds *Bewegung* zusammen.

4. Wort-Netz 2
Stelle Wörter zum Begriff *animal* zusammen.

5. Auf die Grundform kommt es an
▸ Arbeitsheft S. 38 Ü. 2

Führe die folgenden Wortformen auf ihre jeweilige Grundform zurück:
virum – virium – vehementissime – maius – clarius – maria – quorum – reperit – fueram – euntem – reliquit – subito – subeo – acceptus – brevi

6. Gut sortiert
Sortiere die folgenden Wörter nach ihren Wortarten und bestimme sie. (Achte auf Mehrdeutigkeiten!)
audi – timui – omni – mari – vi – egi – eunti – amici – amisi – amitti – amissi – aperti – ibi – i – capiti – rei – duci – hi – tibi – ubi – urbi – animali – ii

7. Tauschbörse
a Übersetze die folgenden lateinischen Sätze:
1. Vis viri magna erat.
2. Vir vim maris timuit.
3. Animalibus marium saepe vires ingentes sunt.
4. Vi maris navis magno in periculo est.
5. Mare et amicus et hostis hominis est.

b Vertausche jeweils den lateinischen Singular und Plural.

8. Im Deutschen ist manches anders

Finde jeweils eine treffende Übersetzung für die folgenden Sätze:

1. Troiani maximis viribus resistentes a Graecis victi sunt.
2. Mulieres nobiles[1] Troianorum in Graeciam raptae ibi servae principum Graecorum fuerunt.
3. Socii Ulixis animalibus maris appropinquantes pleni timoris erant.
4. Ulixes a Phaeacibus in patriam missus alia pericula in Ithaca insula sustinuit.

▸ Arbeitsheft S. 39 Ü. 5 u. 6

1 nobilis, nobile adlig

9. De Paride et Oenone (fakultativ)

Übersetze folgenden Text ins Deutsche:

Graeci Troianos bello petiverunt, postquam Paris Helenam rapuit. Paris autem, priusquam[2] Helenam rapuit, aliam puellam amaverat, cui nomen[3] Oenone erat. Paris enim, dum per fines Phrygiae errat, Oenonem nympham[4] cognoverat. Oenone, ubi Paridem vidit, subito amore huius pulchri iuvenis permota est. Paris autem, postquam Helenam omnium mulierum pulcherrimam esse audivit, Oenonem reliquit et Helenam quaesivit.
Dum Paris nave iter[5] in Graeciam facit, Oenone multis cum lacrimis pulchrum filium Priami exspectabat. Helena autem uxor Menelai erat, priusquam[2] Paris in Graeciam pervenit. Paris autem, ut Helenam vidit, ingenti amore captus uxorem Menelai rapuit. Hoc saepe accidit[6]: Cum homines dulci amore vehementer permoventur, prudenter agere desinunt.

2 priusquam bevor

3 nomen, nominis n. Name

4 nympha, -ae f. Nymphe

5 iter facere reisen

6 accidit es geschieht, ereignet sich

10. Homerische Spuren

Einige Wörter aus der Sage um Odysseus sind auch heute noch in unserer Sprache lebendig.

1. Nach einer langen Odyssee gelangten die Flüchtlinge endlich an ihr Ziel.
2. Plötzlich schrillten die Sirenen.
3. Sie konnte ihn trotz allem nicht bezirzen.
4. In das Computerprogramm haben sich Trojaner eingeschlichen.

a Erkläre den Ursprung dieser Wörter.
b Wie verwenden wir sie heute?

Gut wiederholt – vorbereitet auf Lektion 19

I. Worin unterscheiden sich die folgenden Sätze, was haben sie gemeinsam?
1. Troia a Graecis capta multos dies ardebat.
2. Troja war von den Griechen erobert worden und brannte daraufhin viele Tage.
3. Nachdem Troja von den Griechen erobert worden war, brannte es viele Tage.
4. Nach seiner Eroberung durch die Griechen brannte Troja viele Tage lang.

II. Übersetze entsprechend:
Ulixes amore Circae adductus cum ea unum annum in insula vixit.

Eine Liebe ohne Zukunft – Dido und Aeneas

Im trojanischen Krieg kämpfte Aeneas, der Sohn des Anchises und der Göttin Aphrodite, sehr tapfer auf der Seite der Trojaner. Doch erst nach dem Krieg wurde er berühmt.
Dem Brand Trojas konnte er zusammen mit seinem Sohn Askanius, seinem Vater Anchises und einigen Gefährten entkommen. Nur seine Frau Kreusa verlor er auf der Flucht. Aeneas und seine Gefährten bestiegen Schiffe, um sich in eine neue Heimat aufzumachen. Allerdings ahnte Aeneas nicht, wie lange diese Reise dauern sollte.
Einige Gefährten und auch der Vater Anchises überlebten die großen Strapazen dieser Irrfahrten nicht.
Endlich, nach sieben Jahren, glaubte Aeneas seinem Ziel sehr nahe zu sein.

Iam Aeneas sociique oram patriae novae videbant. Subito tempestas ingens naves Troianorum oppressit. Navibus e summo periculo ereptis Troiani ad oram Africae pervenerunt. Ibi Dido, regina Carthaginis, eos salutavit et ad domum suam invitavit.
Cena[1] magnifica parata Aeneas de incendio Troiae et de longis erroribus narravit. „Ego quoque“, Dido plena misericordiae inquit, „e patria expulsa sum. Hic novam patriam inveni et Carthaginem constituere[2] coepi. Urbe moenibus munita multa aedificia nobis desunt.“

1 cena, -ae f. Gastmahl, Festessen

2 constituere hier: erbauen, gründen

Sociis cenantibus[3] et gaudentibus Aeneas amore Didonis captus est. Etiam Dido amore viri adducta: „Aenea“, inquit, „in regno meo mane! Hic vita beata tibi tuisque erit.“ Profecto Troiani diu non inviti in Africa manebant.

3 cenare essen, speisen

Aenea vitam beatissimam agente tamen Iuppiter deus contentus non erat et Mercurium vocavit: „Audi! Ego Aeneam fato parere[4] cupio, ego Aeneam in Italia patriam novam condere cupio. Tu Aeneam Carthaginem relinquere iube!“
Aenea a Mercurio deo monito statim Troiani naves in portu paraverunt. Deinde Aeneas aedes regias intravit: „Dido, hic vitam beatam tecum egi. Hic felicissimus fui. Sed nunc me fato parere oportet. Itaque hodie Carthaginem relinquam et in patriam novam navigabo.“
Lacrimas Didonis videns addidit: „Cur fles[5]? Quod te vehementissime amo, te et in matrimonium et in patriam novam ducere cupio.“

4 parere, pareo gehorchen

5 flere, fleo weinen

Aeneas wird von Dido in Karthago willkommen geheißen. Illustration zu Vergils Aeneis in einer Handschrift. Bartolomeo da S. Vito, um 1497.

Dido autem: „Aenea, nos sortem miserrimam subire debemus: Nam meum fatum est hic manere. Carthago est patria mea, tua patria est Italia. Vale!“

Tum Aeneas maeroris[6] plenus Africam reliquit. Dido manibus ad caelum sublatis „O di[7]! Me miseram! Pereo“ et mortem sibi conscivit[8]. Postquam Aeneas ad oram Italiae pervenit, ei licebat cum Sibylla apud inferos Didonem postremum videre.

6 maeror, -oris m. Trauer

7 di: Vok. zu dei

8 mortem sibi consciscere Selbstmord begehen

a Informiere dich in Lexika und im Internet über die kriegerischen Auseinandersetzungen zwischen Rom und Karthago und das Ende des Konfliktes.

b Jeder Mythos enthält einen wahren Kern. Der Mythos von Dido und Aeneas soll den Anfang der Feindschaft zwischen Karthago und Rom erzählen. Suche dafür Hinweise im Text.

c Für das Schicksal der beiden Hauptpersonen Dido und Aeneas spielen zwei Götter eine entscheidende Rolle, die im Text genannt werden. Benenne sie.

d Finde in Lexika und im Internet Informationen über sie.

e Was ist von der Stadt Karthago bis heute erhalten geblieben? Informiere dich in Lexika oder im Internet.

1. Das Wort – ein weites Feld
Bilde aus den angegebenen Wörtern Paare, die einen Gegensatz ausdrücken, und gib jeweils ihre Bedeutung an.
abesse – senex – gaudium – sine – antea – aqua – aegrotus – delectare – nihil – adesse – multum – iuvenis – dolor – deus – cum – aliquando – salvus – terrere – homo – postea – nunc – terra

2. Wort-Baustelle
Bilde aus den folgenden sechs Wörtern möglichst viele neue Wörter und gib ihre Bedeutung an. Du kannst die Wörter mehrfach verwenden.
num – non – ea – ne – post – quam

3. Was gehört zusammen?
Bilde aus den angegebenen Wortgruppen A (Verben) und B (Substantive) Paare, die inhaltlich zusammen passen, z. B.: *amare – amor*. Gib jeweils ihre Bedeutung an.
A: gaudere – timere – portare – ludere – laborare – facere – curare – ducere
B: porta – gaudium – labor – dux – timor – cura – ludus – factum

▸ Arbeitsheft S. 44 Ü. 2 u. 3

4. Eine gute Verbindung 1
a Bestimme die folgenden Substantive und Pronomen nach Kasus, Numerus und Genus:
equos – naves (2) – oppidis (2) – res (3) – regis
ea – eos – illae – illas – illis – his – hae – huius
b Ordne den Substantiven nach KNG passende Pronomen zu und übersetze die Verbindungen.
c Setze alle Wortpaare in den jeweils anderen Numerus.

5. Im Deutschen ist manches anders
▸ Arbeitsheft S. 46 Ü. 8

Für die Übersetzung des Ablativus absolutus gibt es mehrere Möglichkeiten:
- durch Nebensätze (temporal, kausal, konzessiv)
- durch Beiordnung und
- durch eine präpositionale Verbindung.

Beispiel: *Troia capta Aeneas cum patre filioque fugit.*

Nachdem Troja erobert worden war, floh Aeneas mit Vater und Sohn.
Troja ist erobert worden und danach floh Aeneas mit Vater und Sohn.
Nach der Eroberung Trojas floh Aeneas mit Vater und Sohn.

Übersetze nun die folgenden Ablativi absoluti auf unterschiedliche Weise:
1. Multis periculis superatis Troiani ad oram Africae pervenerunt.
2. Aenea de rebus gestis narrante socii bona cena[1] delectati sunt.
3. His verbis factis Dido respondit.
4. Carthagine ab Aenea relicta Dido desperata[2] erat.

1 cena, -ae f. Essen, Mahlzeit
2 desperatus, -a, -um verzweifelt

6. Auf das Zeitverhältnis kommt es an

a Suche aus dem Text (Zeile 2–10) die Sätze heraus, die einen Ablativus absolutus enthalten. Notiere sie in dein Heft.

b Verändere das Tempus der Prädikate. Benutze dazu die folgenden Verbformen:
perveniunt – narrat – deerant – capitur

c Übersetze die Sätze und achte dabei auf das Zeitverhältnis.

7. Auf die Form kommt es an

▸ Arbeitsheft S. 47 Ü. 3 u. 4

a Bestimme folgende Substantive und Partizipien nach Numerus und Genus:

socii	narrans
Aeneas	gaudentes
servi	relicta
Carthago	cibos parantes

b Ordne jedem Substantiv ein passendes Partizip zu.
Alle Wörter dürfen nur einmal verwendet werden.

c Bilde Ablativi absoluti, indem du die Wortblöcke in den Ablativ setzt.

d Übersetze danach die Ablativi absoluti auf unterschiedliche Weise.

8. Tauschbörse

Bilde zu den folgenden Partizipien der Gleichzeitigkeit jeweils das Partizip der Vorzeitigkeit und den Infinitiv. Übersetze diese Infinitive:
accipiens – audientem – dicenti – ducente – monentis – occupantibus

9. Satzbaustelle

a Ergänze das passende Partizip in folgenden Sätzen:
1. Troia ______ Aeneas patriam relinquit.
2. Troia ______ Aeneas multa pericula subibat.
3. Aenea multis de periculis ______ Dido attenta est.
narrante – capta – relicta

b Übersetze die Sätze.

10. Eine gute Verbindung 2 (fakultativ)

a Bilde das Partizip der Gleichzeitigkeit und Vorzeitigkeit zum Verb *vocare*.

b Erläutere in den folgenden beiden Sätzen, wie das Partizip im Satz verwendet ist:
1. Valeria a matre vocata tamen in horto feliciter ludit.
2. Matre vocante Valeria in horto feliciter ludit.

c Übersetze die Sätze.

11. Loquamur Latine: Beim candlelight dinner (fakultativ)

Schreibt (und spielt) eine moderne Mini-Szene mit einfachen lateinischen Sätzen, in der ein verliebtes Pärchen gemeinsam isst und trinkt – und einer der beiden am Ende plötzlich verschwindet ...

Test Lektion 17–19

Das Geheimnis des hölzernen Pferdes

Die Griechen belagerten mehr als 9 Jahre lang die Stadt Troja ohne sie einnehmen zu können. Aber schließlich hatte Odysseus (lat.: *Ulixes*) eine Idee ...

Ulixes vires virorum deficere videns „Audite, Graeci“, inquit, „facilius est Troiam dolo[1] capere quam vi. Magnum equum ligneum[2] construemus[3] et ante Troiam relinquemus. Graeci fortissimi in equo ligneo[2] erunt.“
Tum Graeci equum construxerunt[3]. Equo facto Graeci de litore discesserunt et naves ascenderunt[4], equum autem ante moenia urbis reliquerunt. Ut Troiani equum ligneum[2] viderunt, donum deorum esse putantes in urbem duxerunt.
Nocte milites Graeci ex equo descenderunt et portas urbis aperuerunt. Portis apertis ceteri[5] Graeci in urbem venientes cum Troianis pugnaverunt et Troiam deleverunt[6].
Eo modo Troia victa est.

1 dolus, -i. m. List
2 ligneus, -a, -um aus Holz, hölzern
3 construere, construo, construxi bauen
4 ascendere, ascendo, ascendi besteigen
5 ceteri, -ae, -a die übrigen
6 delere, deleo, delevi zerstören

Textvorerschließung

Verschaffe dir einen Überblick – wovon handelt der Text?

a Welche Informationen gibt dir die Textumgebung (Überschrift, Einleitungstext, Bild)?
b Welche Personen kommen im Text vor?
c Was für eine Art Text liegt hier vor (Erzählung, Brief, Dialog)? Welche äußeren Anhaltspunkte im Text belegen deine Einschätzung?
d Welche Nomen (keine Eigennamen!), welche Verben kommen mehr als einmal vor?

Antike Kultur

a Wiederhole, was du von der „Vorgeschichte" des Textes weißt, dem trojanischen Krieg.
b Formuliere für jeden Textabschnitt, welchen Inhalt du erwartest.

Übersetzungstraining

a Welche Wörter gehören zusammen? Finde Wortblöcke (Substantiv (ggf. mit Präposition) + Attribut, AcI-Block, Partizip und Bezugswort).
b Unterscheide PC und Abl. abs.
c Welche Hinweise bietet der Zusammenhang des Textes bei der Wahl einer Übersetzungsmöglichkeit für die Partizipialkonstruktionen? In welchem logischen Verhältnis stehen Partizip und Prädikat?
d Unterscheide die Zeitebenen: Wann spielt – vom Leser aus gesehen – die Geschichte? Wann finden die Ereignisse der direkten Rede, vom Sprecher aus gesehen, statt?

Übersetzung

Übersetze diesen Text.

Sprachbetrachtung

Vergleiche deine Ergebnisse mit der Lösung auf S. 144–145.

a Falls du eine abweichende Erwartung über den Inhalt des Texts hattest: Welche Signale hast du falsch gedeutet?
b Welchen Vorteil hat es dir beim Übersetzen verschafft, dass du eine Vorstellung von dem Inhalt hattest?
c Hast du nicht alle Wortblöcke herausgefunden? Dann solltest du in Grammatik-Begleitheft 1 S. 10 noch einmal nachlesen, was dort zum Thema „Kongruenz" steht.
d Hattest du Schwierigkeiten, den AcI-Block zu identifizieren? Dann lies dazu Grammatik-Begleitheft 1 S. 38.
e Hattest du Schwierigkeiten, Partizip und Bezugswort zu identifizieren und den Partizipialblock zu übersetzen? Waren dir die Unterschiede zwischen PC und Abl. abs. bei der Übersetzung nicht bewusst? Dann lies dazu Grammatik-Begleitheft 2 S. 11–13, 19 und 22–23.

Versuche, die Art deiner Fehler zu unterscheiden (Vokabeln, Formen):
Bei zu vielen Vokabelfehlern: Wiederhole die Vokabeln der Lektionen 17–19.
Bei zu vielen Formenfehlern: Lies Grammatik-Begleitheft 2 S. 18 und 20.
Bei welchen Textpassagen hat dir deine Kenntnis der Vorgeschichte weitergeholfen?

Heinrich Schliemann sucht Troja

Heinrich Schliemann (1822 – 1890), Aufnahme um 1870.

Jahrhundertelang war Troja nur ein Mythos, von dem der Dichter Homer erzählt hatte. Niemand glaubte so recht, dass es die Stadt wirklich einmal gegeben hat.
Doch seit dem 18. Jahrhundert sollte sich das ändern. Besonders der deutsche Hobby-Archäologe Heinrich Schliemann nahm Homer sehr ernst und machte sich auf die Suche nach der sagenhaften Stadt. Er fand nahe der Siedlung **Hisarlık** im Westen der Türkei Reste einer Stadt, die er als Troja identifizierte; der Fundort passte nach seiner Auffassung zu den Angaben Homers über das sagenhafte Troja.
Und er fand dort einen **Goldschatz**, den er als Schatz des Königs Priamos bezeichnete. Diesen Schatz brachte Schliemann nach Berlin, wo er lange Zeit gezeigt wurde.
Nachdem russische Truppen im Zweiten Weltkrieg den deutschen Angriff zurückgeschlagen und Berlin erobert hatten, brachten sie Schliemanns Schatz als Beute in die UdSSR. Heute ist ein kleiner Teil davon wieder auf der Berliner Museumsinsel zu besichtigen. Manche Fundstücke sind dort als originalgetreue Duplikate zu sehen. Man glaubt heute allerdings, dass der Schatz viel älter ist, als Schliemann annahm. Auch auf die Frage, ob es Troja wirklich gegeben hat und wo es lag, geben Wissenschaftler heute unterschiedliche Antworten.

Troja – mehr als ein Mythos

Ein Gleis der Feldbahn und Arbeiter mit Schubkarren auf der Burgmauer während der Ausgrabungen, ca. 1894

Goldgefäße aus dem sogenannten Schatz des Priamos

1. Informiere dich über das Leben von Heinrich Schliemann.
2. Warum war Schliemann für die Archäologie so wichtig?
3. Warum gibt es heute einen zweiten „Schatz des Priamos"?

Rekonstruktionszeichnung des antiken Troja (nach den Ausgrabungen von Hisarlık), Gesamtansicht von Osten. Aquarell von Peter Connolly (1986).

753 v. Chr. nach dem Mythos

Der Ursprung Roms

Askanius, der Sohn des Aeneas, gründete in Latium die Stadt Alba Longa. Ihm folgten in der Herrschaft zahlreiche Könige. Schließlich regierte dort Numitor, der eine Tochter mit Namen Rea Silvia hatte. Aber Numitors Bruder Amulius vertrieb den rechtmäßigen Herrscher und machte sich selbst zum König.
Rea Silvia sollte nach dem Willen des Amulius keine Kinder bekommen; deshalb machte er sie zur Vestalin. Aber die junge Frau bekam trotzdem Zwillinge und gab den Kriegsgott Mars als Vater ihrer Kinder an.

Auctores Romani hanc fere fabulam referunt:
Amulius rex liberos Reae Silviae timebat. Itaque servum fratres geminos[1] auferre et in ripa Tiberis exponere iussit. Liberi expositi fame vehementissime clamaverunt; quo clamore adducta lupa[2] adiit et liberos ad ripam iacentes invenit. Misericordia permota miseros nutrivit[3]. Forte Faustulus pastor[4] animalia sua ad ripam ducebat, cum subito lupam[2] liberos nutrientem[3] repperit.

Hoc videns Faustulus liberos auxilio deorum servatos esse intellexit. Itaque geminos[1] sustulit et in domum suam tulit. Ibi Romulus et Remus a Faustulo et uxore eius, novis parentibus, educati vitam pastorum[4] agebant.

1 fratres gemini m. Zwillingsbrüder
2 lupa, -ae f. Wölfin
3 nutrire, nutrio, nutrivi ernähren, füttern, säugen
4 pastor, pastoris m. Hirte

Multis annis post Numitorem avum eorum esse liberis relatum est. Odio Amulii permoti Albam Longam vi ceperunt et Amulium crudelissimum necaverunt. Amulio interfecto Numitor iterum oppidum regebat.

Romulus et Remus autem Numitore vivo novam civitatem condere cupiverunt. Oppido condito de imperio et etiam de nomine certaverunt. Quia deos de hac re consulere cogitaverunt, augurium[5] fecerunt. Quamquam dei Romulo victoriam praebuerunt, Remus id non accepit. Romulus autem Remo invito murum novae civitatis aedificare coepit. Remus autem victoriam fratris non accepit. Quia Remus hanc rem aegre tulit, muros adhuc parvos fratris irrisit et transsiluit[6]. Tum Romulus ira commotus fratrem interfecit. Nova urbs autem Romulo duce augebatur.

5 augurium, -i n. Deutung von Vorzeichen, insbesondere Deutung des Vogelflugs

6 transsilire, transsilio, transsilui hinüberspringen

INFO

Das Augurium

Unter einem *augurium* verstanden die Römer eine **Befragung** der **Götter** zu einem geplanten Unternehmen und die richtige **Auslegung** der **Zeichen**, die die Götter als Antwort schickten.
Die **Auguren** waren Männer, die sich mit der Fülle von Zeichen und Vorschriften auskannten, die bei einer solchen Befragung und der Auslegung der Zeichen zu beachten waren.
Bei wichtigen privaten und politischen Vorhaben wurden sie beauftragt, ein *augurium*, also eine Zeichendeutung, vorzunehmen. Die Auguren, von denen es in der Frühzeit Roms 3, im 1. Jh. v. Chr. 16 gab, hatten eine eigene **Amtstracht** und trugen einen Krummstab (*lituus*).
Der Wille der Götter konnte an ganz unterschiedlichen Zeichen erkannt werden: an Blitz, Donner und anderen auffälligen Himmelserscheinungen, am Flug und Schreien bestimmter Vögel, am Fressverhalten von Hühnern, am Erscheinen von Fuchs oder Wiesel und an zufälligen Ereignissen wie Niesen, Fallenlassen von Gegenständen oder Berühren der Türschwellen mit dem Fuß.

a Benenne die Handlungsfiguren, die im Text genannt werden. Nenne auch, wo es möglich ist, jeweils einen lateinischen Begriff, mit dem die Personen charakterisiert werden.

b Kennst du weitere Geschichten, in denen Kinder ausgesetzt werden? Vergleiche die Geschichten, die du kennst, mit der von Romulus und Remus.

c Gestalte ein Tempusprofil des Textes und nenne die Hintergrund- und Vordergrund-Informationen.

d Erzähle die Geschichte aus Sicht des Numitor.

e Überlege, wie man die Ausdrücke *Numitore vivo* (Z. 16) und *Remo invito* (Z. 20) übersetzen könnte.

▸ Grammatik S. 25

1. Gut sortiert

Sortiere passende Wörter aus der Lektion nach den Sachfeldern *Bewegung, Streit* und *Familie.*

2. Eine gute Verbindung

a Suche aus dem Text alle Verben heraus, die mit einer Präposition gebildet sind.

b Versuche jeweils, die Verbindung zu erläutern.

3. Gegensätze ziehen sich an

Suche zu den folgenden Begriffen sinnverwandte Wörter oder auch Gegensätze:
discipulus – liberi – antea – pauci – dominus – malus – magnus – urbs – primum

4. Gut sortiert

a Wähle aus folgenden Wörtern sinnvoll Ergänzungen für die Lücken:
labores – auctoribus – duci – duce – res – auctore – oratores – ducibus

1. Faustulo ______ animalia ad ripam venerunt.
2. Mercatores plurimas ______ Romam tulerunt et eas vendiderunt.
3. Amulio ______ liberi in ripa Tiberis expositi sunt.

b Übersetze nun die vollständigen Sätze ins Deutsche.

5. Auf die Grundform kommt es an

▸ Arbeitsheft S. 50 Ü. 2

Führe die folgenden Formen auf die 1. Person Singular Präsens zurück:
praebuerat – adierunt – retuleramus – sustulisse – vendidisti – sustinebo – persuaserunt – relata sunt – scribebam – ducebatis – peperunt

6. Tauschbörse: Tempora

Bilde zu den folgenden Verbformen das Perfekt:
auferunt – tollebat – rexeras – nubit – vivebatis – referimus – faciebant – debes – aufertis – auferebamus

7. Streichkonzert

Wähle jeweils einen passenden Infinitiv aus und übersetze:

1. Scimus Romulum novos muros (aedificare/aedificavisse).
2. Auctores Romulum et Remum fratres (exponi/exposuisse/expositos esse) narrant.
3. Poetae[1] Romulum regnum Romae (ducere/accepisse/acceptum esse) referunt.

1 poeta, -ae m. Dichter

8. Loquamur Latine: Ausrufe

Bombax!
Vae!
Mehercle!
Ecce!
Heu! Heus!
Per Iovem!
Ah!
Heureka!

9. Römische Spuren

Nenne jeweils das Wort, auf welches das deutsche Fremdwort zurückgeht, und vergleiche die lateinische und die deutsche Bedeutung:
Autor – urban – Referat – Filiale – Novität

10. Ein Wort – mehrere Bedeutungen

▸ Arbeitsheft S. 54 Ü. 2

Übersetze folgende Sätze und suche die jeweils passende Bedeutung von *ferre* heraus:
1. Auctores Romani fabulam ferunt.
2. Faustulus fratres domum tulit.
3. Pastor[2] uxori se liberos tulisse fert.
4. Remus victoriam Romuli aegre tulit.

2 pastor, pastoris m. Hirte

11. Satzbaustelle (fakultativ)

▸ Arbeitsheft S. 53 Ü. 4

Bilde passende Sätze aus den Bausteinen der beiden Spalten und übersetze:

Numitore vivo	Remus fratrem irrisit.
Pueris expositis	novi muri aedificabantur.
Novis muris aedificatis	Romulus et Remus Romam condiderunt.
Romulo auctore	lupa[3] venit.
Romulo et Remo repertis	Faustulus de hac re narravit.

3 lupa, -ae f. Wölfin

Gut wiederholt – vorbereitet für Lektion 21

Nenne die bisher bekannten Nebensatzarten und die entsprechenden deutschen und lateinischen Subjunktionen.

um 750 v. Chr. nach dem Mythos

Rom – eine Stadt ohne Frauen

In der neu gegründeten Stadt Rom finden viele Vertriebene, Heimatlose und Flüchtlinge ein neues Zuhause. Der Großteil der Bewohner sind jedoch Männer. Aus Mangel an Frauen schickt Romulus daher Gesandte zu den umliegenden Stämmen. Diese sollen junge Frauen finden, die bereit sind, mit ihnen nach Rom zu kommen und dort eine Familie zu gründen. Aber die Gesandten kehren ohne eine einzige Frau nach Rom zurück.

Jacques Louis David (1748–1825): Die Sabinerinnen. Ölgemälde 1799

500 v. Chr. – 500 n. Chr. – 1000 – 1500 – 2000

Romulus aegre tulit, quod gentes propinquae Romanis filias suas negaverunt. Itaque insidias paravit: Romulus gentes ad ludos sollemnes[1] invitavit, ut filias eorum raperet. Ad eos ludos Sabini quoque cum filiis, quae pulcherrimae omnium puellarum erant, Romam venerunt. Dum hospites ludos attente spectant, signo dato iuvenes Romani filias Sabinorum rapuerunt et ad domus suas detulerunt. Filias enim rapuerunt, ne sine uxoribus viverent. Patres et fratres eorum iratissimi fuerunt, sed urbem infecta re[2] reliquerunt, cum sine armis ad ludos venissent.

1 sollemnis, sollemne feierlich

2 infecta re unverrichteter Dinge

Cum Romani hoc facto hospitium[3] violavissent, Sabini diligenter de impetu consuluerunt[4], cum Romanos punire[5] et filias suas liberare cuperent.

Consilio capto urbi clam appropinquaverunt. Nocte accidit, ut Sabini Romam invaderent. Romani autem urbem suam summis viribus defenderunt. Omnes tam vehementer pugnaverunt, ut multi viri, et Sabini et Romani, in acie vulnerarentur.

Itaque Sabinae timuerunt, ne patres, fratres, mariti perirent. Inter se clamaverunt:
alia: „Vae[6], frater meus vulneratus est!",
alia: „Ecce pater meus! Cum marito meo contendit!",
multae: „Ubi liberi nostri vivent, ibi patria eorum erit! Ubi liberi, ibi patria!"

Itaque fortiter se medios in hostes iniecerunt et viris pugnantibus imperaverunt: „Finem belli facite! Pacem facite, ne in acie interficeremini!" Cum verba mulierum animos virorum valde movissent, omnes viri arma posuerunt. Sic Sabini et Romani pacem fecerunt.

3 hospitium, i n. Gastfreundschaft

4 consulere de etw. gemeinsam besprechen

5 punire bestrafen

6 Vae! Wehe!

a Romulus hat Gesandte zu den umliegenden Stämmen geschickt, um junge Frauen mit nach Rom zu bringen. Mit welchen Argumenten haben die Gesandten versucht, Frauen nach Rom zu bringen? Verfasse ihre Rede vor den Nachbarstämmen.

b Wie haben es die Sabinerinnen geschafft, ihre Männer und Väter vom Kampf abzuhalten? Verfasse ihre Rede auf dem Schlachtfeld.

c Gliedere den Text in Abschnitte und gib den Abschnitten jeweils eine Überschrift.

d Betrachte die Prädikate der Nebensätze. Einige der Nebensätze enthalten für dich neue Formen. Stelle zusammen, nach welchen Subjunktionen die neuen und die bekannten Formen auftreten.

▸ Grammatik S. 26–28

1. Wort-Netz
a Ordne aus dem Lektionstext Wörter und Wendungen den Sachfeldern *Gefühle* und *Kampf* zu.
b Vervollständige diese Wortliste durch Wörter und Wendungen, die dir aus den bisherigen Lektionen bekannt sind, zu einem Wort-Netz.

2. Tauschbörse: Tempus
Welche der folgenden Wörter stehen im Konjunktiv? Schreibe die Wörter heraus und bilde den jeweils „anderen" Konjunktiv (Imperfekt ←→ Plusquamperfekt).
liberavisse – praeberes – duxisset – errorem – imperatorum – adiremini – paratis – amatum erat – reperire – timoris – egissemus – missum esset – placuisse – posuisset – oratorem – ferrent – faceret

3. Tauschbörse: Modus
▸ Arbeitsheft S. 58 Ü. 3
Ändere den Modus (Indikativ ←→ Konjunktiv), behalte aber Person, Numerus und Tempus bei:
ponebant – imperarent – essemus – raptae essent – persuaderem – imploraretis – violati erant – timuissetis – tulissent

4. Eine gute Verbindung
Entscheide jeweils, welche Form in die Lücke gehört, und übersetze dann:
1. Post bellum patres ad filias: „Cum vos nobis ______ (timere), nos pacem fecimus."
2. Patres: „Cum filiae nostrae raptae essent, iratissimi ______ (esse)."

5. Streichkonzert
▸ Arbeitsheft S. 60 Ü. 3
a Entscheide dich jeweils für eine der zwei Formen, damit ein sinnvoller Satz entsteht.
1. Cum Romani Sabinis insidias ______ (paravissent/pararent), filias Sabinorum rapere potuerunt.
2. Patres timuerunt, ne filiae vitam miseram ______ (egerunt/agerent).
3. Quamquam filiae valde ______ (timebant/timerent), medios in hostes se iniecerunt.

b Übersetze deine Sätze.

6. Ein Wort – mehrere Bedeutungen: ut
Welche Bedeutung passt hier für *ut*? Übersetze.
1. Accidit, ut Amulius fratres in ripa fluminis exponeret.
2. Faustulus Romulum et Remum servavit, ut vitam iucundam agerent.
3. Ut hospites Romam venerunt, Romani filias Sabinorum rapuerunt.
4. Filiae Sabinae tam pulchrae fuerunt, ut a Romanis raperentur.

7. Ein Wort – mehrere Bedeutungen: cum

Welche Bedeutung passt hier für *cum*? Übersetze.

1. Ascanius cum in Latium venit, urbem condere constituit.
2. Rea Silvia, cum Vestalis virgo[3] esset, nubere non debuit.
3. Romulus cum fratre novam urbem condidit.
4. Fratres, cum de urbis imperio certarent, augurium[4] fecerunt.
5. Romulus Remum necavit, cum Remus frater eius esset.

3 virgo, virginis f. Jungfrau

4 augurium, -i n. Deutung von Vorzeichen

8. Loquamur Latine: Was, wo und warum? (fakultativ)

Fragt euch gegenseitig, was ihr vor Kurzem unternommen habt, und antwortet mit Finalsätzen.

Beispiel:

„Heri tabernam adiimus."
„Cur tabernam adistis?"
„Tabernam adiimus,
ut cenam bonam gustaremus."

9. Tauschbörse (fakultativ)

Ein römischer Schriftsteller hätte etwa so über die Erlebnisse der Sabinerin Dulcia berichtet:

Dulcia, cum clamorem magnum audivisset, e domo celeriter cucurrit. Accidit, ut media nocte in acie staret et ibi patrem pugnare videret. Dulcia timuit, ne pater in bello periret. Aliae quoque filiae timuerunt, ne sine maritis et sine patribus essent. Statim Dulcia cum aliis mulieribus pugnantes imploravit, ut finem proelii facerent. Cum viri verba mulierum audivissent, arma posuerunt.

Einige Tage nach der Schlacht berichtete Dulcia einer Freundin von ihren Erlebnissen. Dulcia hätte es so geschrieben:

Dulcia (ad amicam): „Cum clamorem magnum audivissem, …"

Gut wiederholt – vorbereitet auf Lektion 22

Ordne den Pronomen jeweils passende Substantive zu:

cui
haec
iis
cuius
quo
quam
horum
illud

auctoritatem
oratorum
vocibus
gloria
officium
more
auctoritatis
regno

Ein römischer Spion in Gabii

Nach dem Frieden mit den Sabinern vergrößerte sich die Stadt Rom Jahr für Jahr; dabei führten die Römer ständig Krieg gegen ihre Nachbarvölker.
An der Spitze Roms standen Könige, von denen auch der letzte, Tarquinius Superbus, den Machtbereich Roms auf Kosten der Nachbarvölker ausdehnen wollte. Deshalb führte er auch Krieg gegen die Gabier.
Dabei erwies sich Tarquinius Superbus als raffinierter und skrupelloser Herrscher ...

... sed gentem Gabiorum superare non potuit. Itaque secum cogitabat:

„Semper studeo fines urbis augere. Itaque me gentem Gabiorum vincere non posse aegre fero. Cogitans, quanta proelia cum Gabinis frustra commiserim, quot milites Romani frustra perierint, ira et odio moveor. Quamquam multa bella frustra gessi, ignoro, quomodo urbem eorum expugnem ... Quibus rebus muros hostium delere[1] potero?

Mihi opus est cognoscere, quae consilia Gabini capiant. Itaque insidias eis parabo: Sextum filium ad Gabinos mittam, ut consilia eorum reperiat. Ei imperabo, ut dicat se a patre crudeli ex urbe expulsum esse. Sic Gabinos certe vincam et res Romanae sine bello crescent.“

Sextus negotia a patre mandata libenter suscepit et Gabios iit. Gabini statim crediderunt ea, quae Sextus iis narraverat. Cum scirent Sextum iuvenem summa audacia esse, eum libenter acceperunt. Neque ignorabant, quae facta egregia Sextus in aliis bellis confecisset.

Sextus, ut apud Gabinos magnam auctoritatem haberet, iis saepe utilissima consilia dabat. Tum nuntium ad patrem misit et eum certiorem fecit Gabinos sibi maximam fiduciam[2] habere. Praeterea ex patre quaesivit, quas insidias eis pararet.

1 delere zerstören

2 fiducia, -ae f. Vertrauen

um 500 v. Chr.

500 n. Chr.

1000

1500

2000

Nuntio audito rex Tarquinius gaudebat.
Et crudeliter ridens nuntium in hortum duxit.
Ibi tacens summa papaverum capita[3] baculo decussit[4].
Tum ad nuntium: „Narra filio meo, quid videris!“

Nuntius cum factum regis non intellexisset, tamen Sexto rettulit, quae vidisset.
At Sextus statim cognovit, quid pater in animo haberet.

3 papaverum capita
die Köpfe der Mohnpflanzen

4 baculo decutere
mit einem Stock abschlagen

a Was könnte Tarquinius gemeint haben? Wie setzt Sextus den stummen Rat des Vaters um? Schreibe eine Fortsetzung der Geschichte.

b Begründe anhand des Lektionstextes, weshalb du dich für diesen Schluss entschieden hast.

c Suche Stellen im Text, aus denen hervorgeht, dass eine List angewandt wird.

1. Ein Wort – mehrere Bedeutungen: nuntius
Welche Bedeutung von *nuntius* passt hier? Übersetze:
1. Tarquinius nuntium in hortum duxit.
2. Tarquinius clamavit: „Gabios superavi!“ Eo nuntio Romani delectabantur.

2. Wortbildung: Lautveränderungen
Die Verben *sus-cipere* „übernehmen“ und *ac-cidere* „sich ereignen“ setzen sich zusammen aus *sub + capere* (wörtl.: „unter-nehmen“) und *ad + cadere* (wörtl.: „zu-fallen“).
Dabei verändert sich der Vokal im Wortstamm des Verbs von *a* zu *i*.
Stelle weitere Beispiele für solche zusammengesetzten Verben mit dieser Lautveränderung zusammen – Es handelt sich meist um Zusammensetzungen mit *cadere*, *capere* und *facere*.

3. Wort-Netz
Stelle ein Sachfeld zum Begriff *schaden/schädlich sein* zusammen.

4. Von Wort zu Wort
a Suche aus dem Text zusammengesetzte Verben zu folgenden Grundwörtern heraus: mittere – pugnare – ire

b Nenne alle dir bekannten Ableitungen; Beispiel: ire – adire.

5. Ein Wort – mehrere Bedeutungen: capere
Übersetze folgende Sätze sinnvoll und überlege dir dabei eine angemessene Übersetzung von *capere*:
1. Romani oppidum Gabiorum ceperunt.
2. Tarquinius consilium cepit.
3. Milites arma ceperunt.
4. Iuvenes Romani filias Sabinorum ceperunt.

6. Gut sortiert
▸ Arbeitsheft S. 62 Ü. 2 u. 3

Sortiere die folgenden Formen. Ordne die Konjunktiv-Formen nach Konjunktiv Präsens, Imperfekt, Perfekt und Plusquamperfekt:
viam – violaret – probavit – probaverit – neglexeris – montem – munirem – mittes – regas – mansissetis – manebam – luderemus – copias

7. Auf die Grundform kommt es an
Führe folgende Formen auf die 1. Pers. Sg. Ind. Präs. zurück und übersetze diese:
possit – commiserim – augeam – occuparet – capiant – dicat – perierint – viderit

8. Was ist was?
Bestimme folgende Verbformen:
superarentur – erremus – eramus – est – possum – adeant – monuisti – datum est – studuisset – monitus sum – rogata es – commoverint

9. Im Deutschen ist manches anders

Erläutere, wie der lateinische Konjunktiv jeweils übersetzt wird:

1. Tarquinius filium rogat, ut sibi adsit.
2. Tarquinius optabat[1], ut Gabii a Romanis superarentur.
3. Cum Romani fortes fuissent, tamen Gabios diu vincere non poterant.
4. Tarquinius non ignorat, quot milites Romani interfecti sint.
5. Milites Romani a Tarquinio moniti sunt, ut Gabios vincerent.

1 optare wünschen

10. Römische Spuren

a Suche im lateinischen Text nach Wörtern, die sich den folgenden englischen (engl.) und/oder französischen (fr.) Wörtern zuordnen lassen. Versuche dabei, das jeweilige deutsche Fremdwort zu finden und dann die Bedeutungen der modernen Wörter mit Hilfe des lateinischen Ursprungs zu erschließen.

credit (engl.) – crédit (fr.)
(to) accept (engl.) – accepter (fr.)
ignorant (engl./fr.)
authority (engl.) – autorité (fr.)
quantity (engl.) – quantité (fr.)
(to) study (engl.) – étudier (fr.)
(to) move (engl.) – mouvoir (fr.)

b Welche dieser Wörter gibt es sowohl im Deutschen als auch im Englischen und Französischen?

11. Loquamur Latine: Fragen zum römischen Mythos (fakultativ)

Stelle einfache Fragen zu den römischen Mythen, die du in den letzten Lektionen kennengelernt hast. Deine Mitschüler antworten Lateinisch,
z. B.:

Quis filius Tarquinii Superbi fuit?
Quis mater Romuli et Remi fuit?
Quem lupa[2] invenit?
Ubi Romulus et Remus expositi sunt?

2 lupa, -ae f. Wölfin

12. Römische Spuren

Suche im lateinischen Text nach Wörtern, die sich den folgenden Fremd- und Lehnwörtern zuordnen lassen:
Auktion – auditiv – Patriarch – frustrierend – parat – Autorität

Gut wiederholt – vorbereitet für Lektion 23

„Wenn das Wörtchen ‚wenn' nicht wär', wär' mein Vater Millionär."

Welches Verhältnis zur Wirklichkeit drückt der Konjunktiv in diesem Spruch aus?

Test Lektion 20 – 22

Orakel an Brutus

In Delphi in Griechenland gab es ein berühmtes Apollo-Heiligtum, in dem der Gott durch den Mund einer Priesterin namens Pythia die Zukunft voraussagte. Die Herrscher vieler Länder und Städte schickten Gesandte dorthin, um sich vom Orakel Rat für ihre politischen Entscheidungen zu holen. Sie stellten ihre Fragen einem Helfer, der sie an die Pythia weiterleitete. Die Antwort der Pythia erklang dann aus einer Erdspalte heraus. Allerdings waren diese Antworten oft ganz rätselhafte Orakelsprüche.

Auch Tarquinius Superbus, der in Rom durch Anwendung von Gewalt an die Macht gekommen war und sich zum König ernannt hatte, schickte zwei Söhne nach Delphi, um Auskunft über sein zukünftiges Schicksal als römischer Herrscher zu erhalten. Die beiden wurden begleitet von ihrem Cousin Lucius Iunius Brutus. Die Söhne des Tarquinius mochten ihren Cousin aber nicht besonders gern, weil sie ihn für etwas dumm *(brutus)* hielten:

1 legatus, -i m. Gesandter
2 oraculum, -i n. Orakel(stätte)
3 interrogare (be)fragen
4 osculum, -i n. Kuss

Legati[1] Romani ducibus fratribus cum Bruto oraculum[2] Delphorum adierunt, ut Pythiam de re publica consulerent. Sed fratres omnia de sorte sua cognoscere cupiverunt. Itaque Pythiam interrogaverunt[3].
„Quis Romanos reget?“
Pythia haec verba fecit: „O Tarquinii, unus vir rem publicam reget. Is autem antea matri osculum[4] dare debebit.“
Verbis auditis fratres se id sine labore facere posse crediderunt. Brutus autem subito ad terram cecidit, ut ei osculum[4] daret …

Textvorerschließung

Verschaffe dir einen Überblick – wovon handelt der Text?

a Welche Informationen gibt dir die Textumgebung (Überschrift, Einleitungstext)?
b Welche Personen kommen im Text vor?
c Was für eine Art Text liegt hier vor (Erzählung, Brief, Dialog)? Welche äußeren Textmerkmale belegen deine Einschätzung?
d Welche Nomen (keine Eigennamen!), welche Verben kommen mehr als einmal im Text vor?

Sammle Informationen über die „Vorgeschichte“ des Textes.

a Was weißt du über das Orakel in Delphi, die Herrschaft des Tarquinius Superbus?
b Worum geht es wahrscheinlich in diesem Text?

Übersetzungstraining

a Welche Wörter gehören zusammen? Finde Wortblöcke (Substantiv (ggf. mit Präposition) + Attribut, AcI-Block, Partizip und Bezugswort).
b Welche Hinweise bietet der Kontext bei der Wahl einer Übersetzungsmöglichkeit für die Partizipialkonstruktionen? In welchem logischen Verhältnis stehen Partizip und Prädikat zueinander?
c Unterscheide die Zeitebenen:
Wann spielt – vom Leser aus gesehen – die Geschichte?
Für welche Zeitebene gelten die Aussagen der Pythia?

Übersetzung

Übersetze diesen Text.
Warum küsst Brutus die Erde?

Sprachbetrachtung

Vergleiche deine Ergebnisse mit der Lösung auf S. 145–146.
a Falls du eine abweichende Erwartung über den Inhalt des Texts hattest: Welche Signale hast du falsch gedeutet?
b Welchen Vorteil hat es dir beim Übersetzen verschafft, dass du eine Vorstellung von dem Inhalt hattest?
c Hast du nicht alle Wortblöcke herausgefunden? Dann solltest du in Grammatik-Begleitheft 1 auf S. 10 noch mal nachlesen, was dort zum Thema „Kongruenz“ steht.
d Hattest du Schwierigkeiten, den AcI-Block zu identifizieren?
Dann lies dazu Grammatik-Begleitheft 1 S. 38.
e Hattest du Schwierigkeiten, Partizip und Beziehungswort zu identifizieren und den Partizipialblock zu übersetzen? Waren dir die Besonderheiten bei der Übersetzung des nominalen Abl. abs. nicht bewusst? Dann lies dazu Grammatik-Begleitheft 2 S. 25.

Versuche, die Art deiner Fehler zu unterscheiden (Vokabeln, Formen des Verbs und des Nomens):
Bei zu vielen Vokabelfehlern: Wiederhole die Vokabeln der Lektionen 20 – 22.
Bei zu vielen Formenfehlern: Lies Grammatik-Begleitheft 2 S. 24–28 und 31–33.
Bei welchen Textpassagen hat dir deine Kenntnis der Vorgeschichte weitergeholfen?

Gründungssagen

Die Kapitolinische Wölfin, Bronze, 5. Jh. v. Chr.

INFO

Rom

Der Sage nach wurde Rom 753 v. Chr. auf dem Palatin, einem Hügel am Fluss Tiber, gegründet. Der Gründer soll Romulus gewesen sein, ein Nachfahre des Aeneas. Als Säuglinge waren er und sein Bruder Remus ausgesetzt, von einer Wölfin gefunden und gesäugt worden. Noch heute ist die Wölfin das Wahrzeichen Roms.

Rekonstruktion der ältesten Siedlung auf dem Palatin: 10. – 9. Jh. v. Chr.

INFO

Berlin

Der erste Markgraf Albrecht, der Bär, hatte sich im Sumpfland der Spree verirrt. Von seinem wendischen Gastgeber wurde er zu einer heidnischen Kultveranstaltung mitgenommen. Der Ort der Handlung soll ein Tempel für den Gott Triglav gewesen sein, der auf der von Spreearmen gebildeten Insel stand. Dort wurden während der Veranstaltung Christen in einem Weidengeflecht als Opfer für den Gott verbrannt. Graf Albrecht, der nicht helfen konnte, gelobte die Gründung eines „Bärlyn" auf der Sumpfinsel, um die heidnischen Wenden „zusammenzutatzen".

INFO

Lüneburg

Vor 800 Jahren gingen Jäger einer verwundeten Sau nach. Diese sielte sich im Schlamm, und als das Fell getrocknet war, glänzte es ganz weiß. Die Jäger töteten die Sau und fanden heraus, dass die Borsten ganz mit reinem Salz bedeckt waren. So wurde angeblich das Salz entdeckt, das der Stadt Lüneburg großen Reichtum brachte.

Häuser in der historischen Altstadt von Lüneburg

1. Informiere dich über Gründungsagen aus deiner Region.
2. Warum wurde Rom auf einem der Hügel gegründet?

500 v. Chr.
um 10 v. Chr.
500 n. Chr.
1000
1500
2000

Wer sind die Phönizier?

Nach dem Anfangsunterricht im Griechischen war es für römische Schüler selbstverständlich, die Werke des griechischen Dichters Homer, die *Ilias* und *Odyssee*, im Original zu lesen. Auch der Lehrer Demetrius wiederholt mit den Jungen Quintus, Lucius und Tiberius den Abschnitt aus der *Ilias*, in dem Achilles zu Ehren seines im Kampf getöteten Freundes Patroklos Wettkämpfe veranstaltet und für die Sieger wertvolle Preise aussetzt. Nun will Demetrius von seinen Schülern wissen, um welche Preise es sich handelte:

Quintus: „Achilles crateram[1] pulcherrimam victori praemium proposuit. Haec cratera[1], quam Phoenices mercatores ex urbe Tyro Troiam attulerant, maxima arte ex argento confecta erat."
Lucius: „Qui mercatores?"
Tum Quintus: „Phoenices scio. Pater meus enim, cum provinciae Hispaniae praeesset, Gades a Phoenicibus conditas venit."
Statim Tiberius: „At ego id falsum esse puto. Ego Phoenices incolas[2] non Gadium, sed Carthaginis fuisse audivi." Nunc Lucius: „Erras. Ego autem illam urbem clarissimam a Poenis conditam esse nuper legi."
Quintus: „Nunc nihil iam intellego."
„Satis!" Demetrius magna voce impetrat, ut pueri disputare desinant. Discipulis tacentibus magister narrat: „Phoenices antiquis temporibus urbes clarissimas incoluisse constat. Per omnia maria navigantes merces, imprimis purpuram[3], in plurimas partes orbis terrarum portabant."

1 cratera, -ae f. Mischkrug
2 incola, -ae m. Einwohner, Bewohner
3 purpura, -ae f. Purpur, Purpurfarbe

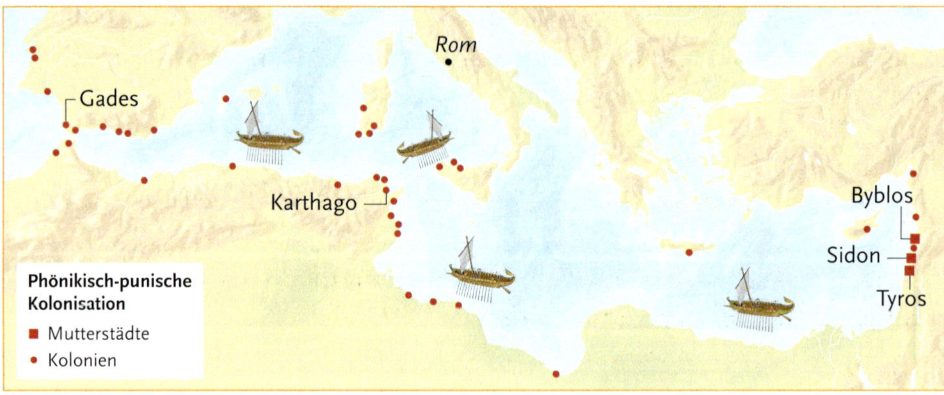

INFO

Die Phönizier

Phönizien war zu Beginn des 1. Jahrtausends v. Chr. die Landschaft am Mittelmeer, wo sich heute der Libanon und Syrien befinden. Die Griechen nannten die Menschen in Städten wie Sidon, Byblos oder Tyros *Phoinikes* (Phönizier). Dieser Name leitet sich von dem griechischen Wort für Purpurrot ab, weil die Phönizier das seltene Handwerk beherrschten, diese kostbare Farbe herzustellen. Außerdem waren sie erfahrene Schiffsbauer, Seefahrer und Händler. Sie verkauften Waren im gesamten Mittelmeerraum und gründeten an den Küsten Städte wie Gades und Karthago.

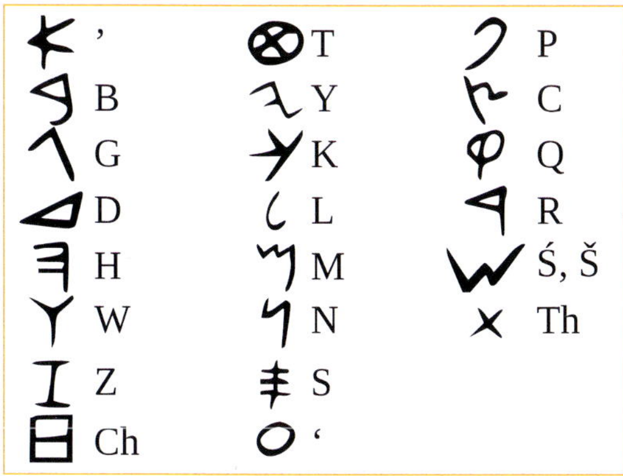

phönizische Schriftzeichen

Lucius: „Nunc Poenos Phoenices esse, eos Carthaginem condidisse intellexi.“
Demetrius: „Ita est. Nonne pater, Quinte, tibi narravit, quas merces Phoenices vendiderint?“
Quintus: „Aurum, argentum, aes, ebur[4].“
Demetrius: „Optime! At tu, Tiberi, dic mihi, quae res mirabilis desit?“
Primo Tiberius non respondet.
Demetrius: „Si discipuli magistros attentius audirent, facilius responderent. Etiam tu, Tiberi, si me attente audivisses, nunc facile responderes.“
Tum Tiberius clamat: „Scio, scio! Purpura[3] deest.“
Magister: „Recte dicis. Sine Phoenicibus hunc colorem ignoraremus, vestes purpureae[5] Romanis numquam fuissent. Certe cognovistis Phoenices litteras invenisse. Nisi autem id fecissent, Homerus Iliada non scripsisset. Quodsi Ilias scripta non esset, nos neque Achillem neque Ulixem neque alios viros clarissimos cognovissemus.“
Lucius parva voce ad Quintum: „Nisi Ilias scripta esset, nos eam legere non debuissemus.“ His verbis auditis Demetrius: „Si vos ambo Iliada scripsissetis, fortasse nemo[6] eam legere cupivisset.“ Pueri rident.
Discipulis discedentibus Quintus e Demetrio quaerit: „Cui denique Achilles crateram[1] praemium dedit?“

4 ebur, eboris n. Elfenbein

5 purpureus, -a, -um purpurfarben

6 nemo niemand

- a Suche die Orte Gades, Karthago, Tyros und Sidon auf der Karte. Welche Namen haben sie heute?
- b Vergleiche die phönizischen Schriftzeichen mit den Buchstaben des lateinischen Alphabets.
- c Finde durch das Internet oder durch Lexika heraus, wie man in der Antike das kostbare Purpurrot hergestellt hat. Wer trug Kleidung in dieser Farbe?
- d Um welche Textsorte handelt es sich bei diesem Lektionstext?
- e Benenne die Gesprächsteilnehmer. Stelle anhand der im Text genannten Nomen fest, worüber sie reden.
- f Finde im Text alle Formen, die im Konjunktiv stehen. Sortiere sie nach der Form.
- g Achte auf die Übersetzung der Konjunktivformen. Was fällt dir auf?

▸ Grammatik S. 35 – 36

1. Wort-Netz

a Stelle Wörter und Ausdrücke aus dem Lektionstext zusammen, die zu dem Sachfeld *Handel* passen.

b Ergänze dein Wort-Netz durch Wörter, die du aus früheren Lektionen kennst.

2. Auf die Form kommt es an

▸ Arbeitsheft S. 69 Ü. 2 u. 3

Bestimme die folgenden Formen:

refert – affertur – abstulerunt – afferrem – ferebamus – attuli – ablatum est – referunt – fer – allati erant – tulisses – referte

3. Satzbaustelle

Ergänze die folgenden Sätze durch ein passendes Prädikat aus dem Kasten und übersetze:

abstulit – fert – referretur

1. Ceres mortalibus frumentum et fruges ______.
2. Proserpina rapta Ceres mortalibus frumentum et fruges ______.
3. Iuppiter imperavit, ut Proserpina ad matrem ______.

4. Auf die Grundform kommt es an – Wiederholung der Pronomen

Suche aus der folgenden Wortreihe alle Pronomen heraus, bestimme sie nach Kasus, Numerus und Genus und nenne die jeweilige Grundform (Achtung! Manchmal gibt es mehrere Möglichkeiten):

huius – hos – hora – eorum – res – tui – tum – tuorum – tutus – suo – sine – quibus – quas – quia – quem – cuius – cur – cui – cum – nobis – illarum – iterum – ea – e – eis

5. Tauschbörse: Gegenwart – Vergangenheit (fakultativ)

Mache aus dem Irrealis der Gegenwart jeweils einen der Vergangenheit oder umgekehrt. Übersetze jeweils beide Sätze:

1. Libenter venirem, si possem.
2. Valde irati fuissent, si hoc scivissent.
3. Auxilio deorum vinceretis.
4. Sine sociis miles interfectus esset.

6. Streichkonzert

Nur eines der drei Wörter in der Klammer ergänzt den Satz jeweils richtig. Wähle aus und übersetze:

1. Sine Phoenicibus litteras non (habuisset/habemus/haberemus).
2. Si tu de his rebus (certior factus esses/certiores facti essent/certior factus est), statim venisses.
3. Nisi Phoenices colorem Tyrium (invenissent/invenirent/invenerint), Romani vestes purpureas[1] non (cognoverunt/cognovissent/cognoscerentur).

1 pupureus, -a, -um purpurfarben

7. Satzbaustelle 1

▸ Arbeitsheft S. 73 Ü. 5

Bilde sinnvolle lateinische Sätze und übersetze sie: In zwei Fällen fehlt die deutsche Ergänzung. Erfinde selbst etwas Passendes.

1. Si me rogares, 2. Si me rogavissetis, 3. Nisi Hercules stabula Augiae purgavisset[2], 4. Si Remus Romulum necavisset, 5. Nisi filiae Sabinorum fortiter se medios in hostes iniecissent,	... dann wären viele ihrer Väter und Brüder getötet worden. ... hätte ich euch doch sofort geholfen. ... ... würde ich schon antworten. ...

2 purgare reinigen, saubermachen

8. Satzbaustelle 2 (fakultativ)

Bilde sinnvolle Sätze und übersetze sie.

1. Nisi Paris Helenam rapuisset, 2. Si Europa taurum timuisset, 3. Nisi Europa in tergo tauri consedisset, 4. Si Troiani vehementius restitissent,	... in tergo eius non consedisset. ... fortasse a Graecis victi non essent. ... Graeci Troiam non delevissent[3]. ... Iuppiter eam rapere non potuisset.

3 delere zerstören

9. Im Deutschen ist manches anders: Konjunktivformen

Benutze bei der Übersetzung der folgenden Beispiele die reinen Konjunktivformen im Deutschen, wenn es möglich ist.

1. Si venires, gauderem.
2. Nisi venires, iratus essem.
3. Si attenta esset, respondere posset.
4. Si verum[4] diceretis, gauderemus.

4 verum, -i n. Wahrheit

10. Römische Spuren (fakultativ)

Erkläre die hervorgehobenen Fremdwörter.
Von welchen lateinischen Wörtern kommen sie?

1. **Antiquitäten** sind zur Zeit sehr gefragt.
2. Die besten Teilnehmer am Fremdsprachenwettbewerb erhalten Geld- oder Buch**prämien**.
3. In der Fernsehreportage wird gerade gezeigt, wie die Besatzung einer **Orbital**station ausgetauscht wird.

11. Loquamur Latine: „Was wäre, wenn...?“ (fakultativ)

Lasst eurer Fantasie freien Lauf und überlegt euch Situationen, die theoretisch eintreten könnten, wenn...?!
Beispiel: „Si dives essem, villam emerem...“

Gut wiederholt – vorbereitet für Lektion 24

Was wünschst du dir?
Überlege, wie man in deutschen Sätzen Wünsche ausdrückt.
Formuliere Wünsche als Hauptsätze. Finde verschiedene Möglichkeiten.
Formuliere Wünsche als Satzgefüge, die mit „Ich wünsche mir, ...“ oder „Ich hoffe, ...“ beginnen.

500 v. Chr.

um 190 v. Chr.

500 n. Chr.

1000

1500

2000

Hannibal – der berühmteste Phönizier

Das antike Karthago, Rekonstruktionszeichnung

Nachdem die Römer Hannibal im Zweiten Punischen Krieg besiegt hatten, schlossen sie 201 v. Chr. Frieden mit Karthago. Dabei legten sie harte Bedingungen fest: So mussten die Karthager viel Geld als Kriegsentschädigung an Rom zahlen. Daher ging es Karthago einige Jahre wirtschaftlich nicht gut. Erst allmählich kamen wieder Kaufleute in die Stadt, um die durch den Krieg unterbrochenen Handelsgeschäfte fortzusetzen. Darunter waren auch römische Geschäftsleute wie Lucius Iunius Silanus, der sich bereits seit einiger Zeit in Karthago aufhält. Seinem Freund Quintus schreibt er folgenden Antwortbrief:

L. Iunius Silanus Quinto suo salutem dicit.

Utinam bene valeas! Tuas litteras recepi, quibus a me quaeris, utrum adhuc vivam in urbe Hannibalis an a barbaris interfectus sim. Utinam ne Romani putent omnes Carthaginienses esse barbaros! Carthaginienses a nobis auxilio Iovis ipsius victi tamen optant, ut negotia inter nos gerantur.
E me quaesivisti, quid cives huius urbis de Hannibale dicerent.

Hannibal ipse in Asiam fugit. Sed ei hic multi amici sunt, quorum plerique dicunt: ‚Utinam ne urbem reliquisset!' Tibi referam, quam opinionem cives de Hannibale habeant:
Narrant Hannibalem ducem esse magna audacia et summo consilio in ipsis periculis. Nam ille primus erat, qui in proelium ibat, et ultimus, qui proelio excedebat. Cives huius urbis eum laudibus in caelum tollunt, quod consules Romanos cum legionibus ad lacum Trasumenum et ad Cannas vicit. Quae legiones maiores erant quam exercitus Poenorum. Tum senatus populusque Romanus timuit, ne urbs ab Hannibale vi et armis expugnaretur.

INFO

Karthago und Hannibal

Karthago (Phönizisch *Kart Hadascht – Neue Hauptstadt*) entwickelte sich zu einer mächtigen Handelsstadt. Sie beherrschte das westliche Mittelmeer. Karthago achtete eifersüchtig darauf, dass es diese Machtposition auch gegenüber Rom behielt. Das gelang, solange Rom damit beschäftigt war, die Völker Italiens zu unterwerfen. Sobald aber Roms Machtbereich ganz Italien umfasste, entstanden Konflikte um **Sizilien**. Dort besaßen sowohl Phönizier als auch Griechen Siedlungen und waren schon mehrfach in Streit geraten. Rom griff in diese Auseinandersetzungen zugunsten der griechischen Seite ein. Rom und Karthago kämpften von 264 v. Chr. bis 241 v. Chr. (**Erster Punischer Krieg**) gegeneinander. Nach dem Sieg der Römer mussten die Karthager Sizilien, Sardinien und Korsika an Rom abtreten. Sie erschlossen daher neue Einnahmequellen in **Südspanien**. Die Führung dort hatte **Hamilkar Barkas**, der das Machtgebiet Karthagos in Spanien ausbaute. Nach seinem Tod übernahm 221 v. Chr. sein Sohn **Hannibal** diese Position. Die Römer fürchteten die Ausdehnung der karthagischen Macht, und als Hannibal die spanische Stadt Sagunt eroberte, die mit Rom befreundet war, erklärten sie Karthago 218 v. Chr. erneut den Krieg (**Zweiter Punischer Krieg**). Hannibal reagierte schnell, zog durch Südfrankreich, überquerte mit seinem Heer die Alpen und fiel in Norditalien ein. Dort besiegte er mehrere römische Heere. Die schlimmste Niederlage erlitten die Römer 216 v. Chr. bei **Cannae**. Daraufhin schickte der Senat ein Heer unter **Publius Cornelius Scipio** nach Spanien. Wie erhofft vertrieb Scipio die Karthager aus Spanien und setzte 204 v. Chr. nach Afrika über. Die Karthager riefen Hannibal aus Italien zu Hilfe. 202 v. Chr. kämpften die Heere Scipios und Hannibals bei **Zama** um die Entscheidung. Die Schlacht endete mit dem Sieg Scipios, der den Beinamen *Africanus* erhielt.

Quare multis Romanis Hannibal in odio erat. Saepe Romae Iovem et Iunonem et ipsam Minervam implorare solebamus, ut dei hostem interficerent et omnia bene verterent. Iam a pueris audivimus illum Hannibalem odium erga Romanos sic conservavisse, ut prius vitam quam odium deponeret. Usque ad hoc tempus credimus metum deorum in eo non fuisse, nihil veri aut sancti. Multi Romani putant Hannibalem imperatorem maximae crudelitatis et avaritiae fuisse.

Porträtbüste Hannibals, Marmor, römisches Kunstwerk (16. Jh.), das Material des 2. Jh.s n. Chr. verwendet

Pater meus maiorem de Hannibale opinionem habebat. Is enim, qui post pugnam Cannensem captivus Poenorum fuerat, mores et clementiam Hannibalis laudabat. Nam ille multos captivos sine pretio Romam dimiserat.

Utinam ex hac re scias: Saepe periculum est, ne non audiatur et altera pars! Te rogo, ne litteras mittas, sed oro, ut te ipsum huc conferas et urbem videas.

Vale!

- a Silanus beantwortet einen Brief seines Freundes Quintus. Daraus kannst du auf die Fragen und Befürchtungen des Quintus schließen. Was könnte in dessen Brief gestanden haben?
- b Stelle die Elemente und Ausdrücke zusammen, an denen du den Text als Brief erkennst.
- c Silanus zeigt, dass Hannibal sehr unterschiedlich beurteilt wird. Worauf legen dabei die Karthager großen Wert, was betonen dagegen die Römer?
- d Wie drücken Römer Wünsche aus? Suche die Wendungen im Text.

▸ Grammatik S. 38 – 40

1. Wort-Netz

a Stelle Wörter und Ausdrücke aus dem Lektionstext zusammen, die zu den Sachfeldern *Staat und Verwaltung* und *Kriegswesen* gehören.

b Ergänze dein Wort-Netz durch Wörter, die du aus früheren Lektionen kennst.

2. Wortbildung

Mit Hilfe der Präpositionen kannst du leicht die Bedeutung vieler Komposita von *ducere* erschließen:

adducere – conducere – deducere – inducere – introducere – perducere – producere – reducere

3. Ein Wort – mehrere Bedeutungen: gerere

Übersetze die folgenden Sätze. Achte bei der Übersetzung auf die unterschiedliche Bedeutung von *gerere*:

1. Romani bella cum Poenis multos annos gesserunt.
2. Nobiles[1] viri magistratus gerebant.
3. Consules rem publicam nonnumquam male gerebant.
4. Dum haec in urbe geruntur, Hannibal castra movit.
5. His rebus gestis dux in Africam rediit.

1 nobilis, nobile adlig, vornehm

4. Was ist was?

Bestimme die Pronomen nach Kasus, Numerus und Genus und nenne die jeweilige Grundform:

huic – cuius – id – illis – cui – ipsum – ipsi – hoc – eius –
illud – huius – ei – ipsius – illi – ii – eis – haec – illa

5. Ein Wort – mehrere Bedeutungen: ipse

▸ Grammatik S. 37

Neben der Übersetzung *ipse selbst* gibt es weitere Möglichkeiten zur Hervorhebung von Personen oder Sachen:

persönlich, direkt, an und für sich, unmittelbar, genau, eigentlich

Wähle zu den folgenden Beispielen die passende Übersetzung:

1. Consules ipsi in prima acie pugnare solebant.
2. Post ipsum bellum homines pacem sperabant.
3. Plurimi imperatores gloriam ipsam non neglexerunt.
4. In ipso periculo alii aliis adfuerunt.
5. Mulieres cum liberis e montibus in ipsam urbem fugerunt.

6. Was ist was?

▸ Arbeitsheft S. 76 Ü. 3 u. 4

Übersetze die folgenden Sätze und begründe, ob es sich um einen Wunschsatz handelt.

1. Victores saepe crudeles erga captivos sunt.
2. Utinam ne victores crudeles erga captivos essent.
3. Carthaginem a Romanis captam esse notum est.
4. Utinam Carthaginienses a Romanis pacem petivissent.
5. Omnibus temporibus homines optaverunt, ut dei patriam conservarent.
6. Utinam dei preces nostras audiant.

7. Im Deutschen ist manches anders

▸ Grammatik S. 39–40

Übersetze folgende Sätze und begründe, wann bei der Wiedergabe im Deutschen der Konjunktiv nötig wird.

1. Cum Hannibal exercitum ad urbem Romam adduxisset, timor Romanorum magnus fuit.
2. Periculum est, ne oppidum expugnetur.
3. Scimus, quid Hannibal fecerit.
4. Si Poenus urbem oppugnavisset[2], populus Romanus magno in periculo fuisset.
5. Utinam Hannibal post pugnam Cannensem in Africam redisset.
6. Romani ita territi erant, ut Hannibali non resisterent.

2 oppugnare belagern

8. Gut sortiert

Dux und *ducere* können gleiche Formen haben. Suche aus den folgenden Beispielen die heraus, die beiden Wörtern angehören, und bestimme sie:
duces – ducem – ducam – ducis – duci – duce – ducas – duco – ducum

9. Römische Spuren

Erkläre die folgenden Begriffe. Von welchen lateinischen Wörtern kommen sie?
Produkt – Reduktion – Reproduktion – Aquädukt – Viadukt – Dukaten

10. Loquamur Latine: Wunschkonzert (fakultativ)

Versetzt euch in die Lage irgendeiner Person der aktuellen oder vergangenen Lektion(en) – Was hätte sich diese(r) vielleicht insgeheim wünschen können? Formuliert diesen Wunsch zunächst in direkter Rede (bzw. Gedankenblase), ein Mitschüler beschreibt diesen anschließend als abhängigen Wunschsatz.

Beispiel:
Hannibal fleht Götter um Hilfe an:

„Utinam dei me adiuvent!"

Gut wiederholt – vorbereitet auf Lektion 25

Welche Rolle im Satz übernimmt das Wort *Singen*?
Kinder *singen* gern.
Singen ist eine Kunst.
Die Kunst des *Singens* muss erlernt werden.
Durch (das) *Singen* wird man fröhlich.
Dem *Singen* widmet mancher viel Zeit.

500 v. Chr.

Karthagos Ende

In den über fünfzig Jahren seit der Niederlage Hannibals gegen die Römer war es den Karthagern gelungen, wieder zu Reichtum zu kommen und ihre Macht zu stärken. Die Römer beobachteten misstrauisch ihre ehemaligen Kriegsgegner und begannen erneut die Konkurrenz Karthagos im westlichen Mittelmeerraum zu fürchten:

1 deliberare überlegen, beraten

150–146 v. Chr.

2 perpetuo ständig, ununterbrochen

3 bellare Krieg führen

4 congerere aufhäufen, ansammeln

500 n. Chr.

Bello Punico secundo finito Carthago duce Hannibale restituta erat. Quare senatores Carthaginiensium deliberabant[1]; unus ex iis: „Nos a Romanis victi tamen nunc iterum magnas copias atque opes habemus. Itaque Romani odio Carthaginis adducti fortasse nobis bellum inferant, ut urbem nostram deleant et opes nostras rapiant. Quid ergo faciamus?

Romanisne nos perpetuo[2] subiciamus? Sin autem illis nos subiceremus, nos omnes servi populi Romani essemus. Itaque bellum gerere debemus. Ne animos dimiseritis!“

Denique consilium bellandi[3] ceperunt.

Eo fere tempore Romae senatores invidia divitiarum Carthaginiensium adducti consulebant, num tertium bellum contra Carthaginem geri opus esset. Quare unus e senatoribus:

„Nunc“, inquit, „Carthago urbs restituta multas merces in omnes partes orbis terrarum vendit, multas opes congerit[4]. Metuo, ne illa urbs maior quam Roma sit. Carthaginiensibus novum bellum inferre necesse sit. Num urbem hostium Romam opibus superare sinamus?“

1000

1500

2000

INFO

Scipio der Jüngere und der Dritte Punische Krieg

Publius Cornelius Scipio Aemilianus war der Sohn des Lucius Aemilius Paullus Macedonicus. Er wurde im Jahr 185 v. Chr. geboren.
Mit 17 Jahren kämpfte Scipio in Griechenland, er wurde von Publius Cornelius Scipio adoptiert, dem Sohn des Scipio Africanus, der Hannibal besiegt hatte. Im Jahr 151 v. Chr. kämpfte der jüngere Scipio in Spanien. Im Jahr 149 v. Chr. erklärte Rom den Karthagern den Krieg, Scipio kämpfte als untergeordneter Offizier. Da die Kämpfe für Rom wenig erfolgreich verliefen, wurde Scipio im Jahr 147 v. Chr. Konsul, obwohl er eigentlich zu jung war.
Er übernahm den **Oberbefehl** im Krieg **gegen Karthago** und zerstörte die Stadt auf Befehl des Senats. 142 v. Chr. war er Censor, 134 v. Chr. wurde er wieder Konsul und beendete erfolgreich den Krieg in Spanien. Verheiratet war er mit Sempronia, der Schwester der Gracchen. Seinen Schwager Tiberius unterstützte er nicht bei dessen politischen Reformvorhaben. 129 v. Chr. starb Scipio der Jüngere unter ungeklärten Umständen.
Im **Scipionenkreis** sammelte er um sich den Historiker **Polybios**, den Philosophen **Panaitios** und die Dichter **Lucilius und Terenz**.

Römische Belagerungstechnik im Einsatz: Darstellung auf der Trajans-Säule (2. Jh. n. Chr.)

Alius senator: „Minime“, inquit. „Ne talia verba feceris! Ne sinamus Carthaginem potentissimam urbem orbis terrarum esse. Carthaginem oppugnemus! Parati ad pugnandum sumus! Omnes iuvenes arma capiant!“
Omnes iis verbis consenserunt, imprimis autem cupidissimus pugnandi fuit P. Cornelius Scipio. Is, cum superioribus bellis omnibus viris Romanis egregia virtute praestitisset, tamen non solum magnus imperator erat, sed etiam litteris summa industria studebat. Itaque amicus auctoribus et philosophis Graecis erat, qui in villa Scipionis habitantes eum docebant: Ita legendo et audiendo multum scientiae sibi peperit.
Tum senatus consulto facto Romani Carthaginiensibus bellum indixerunt[5]. Paulo post Scipio consul fuit et maximo cum exercitu in Africam missus est, ut Carthaginem deleret. In Africa Romani cum nonnullis gentibus foedera fecerant; eae gentes etiam hostes Carthaginiensium fuerunt et Romanos in bellando[5] adiuverunt. Scipio postquam Carthaginem oppugnavit, urbem delevit. Deinde milites diripiendi causa in urbem misit.

5 bellum indicere mit Dat. jemandem den Krieg erklären

a Schreibe anhand der Informationen in den Texten eine kurze Biographie Scipios.
b Sammle die Konjunktivformen aus dem Text und bestimme ihre Sinnrichtung im jeweiligen Satz.

▸ Grammatik S. 42 – 43

1. Ein Wort – mehrere Bedeutungen: facere

1. Senatores multa verba de Carthaginiensibus fecerunt.
2. Romani finem belli fecerunt.
3. Quis initium[1] belli fecerat?
4. Invidia Romanorum fecit, ut Carthago deleretur.
5. Auctores Romani libros[2] de bellis Punicis fecerunt.

1 initium, -i n. Anfang

2 liber, libri m. Buch

2. Ein Wort – mehrere Bedeutungen: praestare

1. Hannibal virtute inter omnes Poenos praestabat.
2. Carthaginienses Hannibali magnum honorem[3] praestabant.
3. Pacem facere quam bellum gerere praestat.

3 honos, honoris m. Ehre

3. Gut sortiert

▸ Arbeitsheft S. 81 Ü. 3

Sortiere die Verbformen nach Indikativen und Konjunktiven:
conficias – proponeres – navigas – attuleras – narras – venias – ignoras – eras – conditum erat – constat – rogat – cognoscat – cupiat – impetrat – narrat – desinat – incolebat – portaverat

4. Zahn der Zeit

Leider sind einige Buchstaben verlorengegangen. Ergänze entweder *-nd-* oder *-nt-*. Überlege, ob es auch Formen geben kann, bei denen beides ergänzt werden kann.

vide____i – tolle____is – tange____e – specta____o – roga____em –
puta____i – quaere____ibus – porta____is – mitte____o – facie____em

5. Satzbaustelle

▸ Arbeitsheft S. 83 Ü. 4

Ergänze jeweils ein passendes Gerundium und übersetze.

Romam venimus ____ causa.	(videndi, putandi, mittendi)
Multi Germani Romam venerunt ____ causa.	(observandi, spoliandi, laborandi)
Servi officium praestabant ____	(currendo, clamando, videndo)
Discipuli magistrum ____ delectant.	(audiendo, legendo, quaerendo)
Milites ad ____ veniunt.	(videndum, certandum, rogandum)

6. Eine gute Verbindung (fakultativ)

▸ Arbeitsheft S. 84 Ü. 2

Vervollständige die Sätze mit den passenden Formen des Gerundiums. Bilde jeweils 3 Sätze zu jedem Verb; Beispiel (amare):

1. Libenter faciemus finem ... amandi.
2. Parati sumus ad ... amandum.
3. Adiuvemus in ... amando.

currere – clamare – observare – exspectare – laborare – quaerere – laudare – legere – canere – amare – studere

7. Was ist was?

Gib den Konjunktiv im Deutschen passend wieder.
Die Karthager klagen über die Römer...

1. Nos omnes beati simus!
2. Utinam propinqui auxilium apportent!
3. Utinam ne necemur!
4. Ubi salutem petamus?
5. Utinam vitam sine bello vivamus!
6. Ne clamaveris!
7. Ne arma ceperitis!

8. Loquamur Latine: Agamus! (fakultativ)

Was würdet ihr im Lateinunterricht gerne einmal tun, auch wenn es so gar nicht zum Üblichen „passt"? Sammelt entsprechende Aufforderungen.

Beispiel:
„Quid in ludo faciamus, Anna?"
→ „Magna voce canamus, amici!"
→ „Magistram laudemus!"

9. Römische Spuren

Erkläre die Fremdwörter. Von welchen lateinischen Wörtern stammen sie?

Patriot, zivil, Dozent, Konsens, Industrie, föderal

Test Lektion 23 – 25

Hannibal bei Prusias

Als Hannibal nach der Niederlage der Karthager wieder die Führung in Karthago übernommen hatte, forderten die Römer bald die Auslieferung ihres schlimmsten Feindes. Daraufhin floh Hannibal zu König Prusias nach Bithynien. Aber auch dort war er vor den Römern nicht sicher:

Hannibal, cum militibus Prusiae praeesset, saepe secum cogitabat:
„Utinam ne a Romanis victi essemus! Nisi hanc cladem[1] accepissem, nunc vitam felicius agerem."
Romani autem timuerunt, ne iterum consilium bellandi[2] caperet.
Itaque senatores: „Semper in Hannibale odium populi Romani erit.
Itaque legatos[3] mittamus, ut Hannibalem quaerant et capiant."
Denique legati[3] etiam in Bithyniam pervenerunt. Prusias rex ipse eis demonstravit, ubi Hannibal esset.
Hannibal hostes Romanos domum suam circumvenire[4] vidit: „Ne me capiant neque in triumpho[5] per urbem Romam ducant. Opto[6], ut tempus mortis meae ipse constituam!"
Tum Hannibal sua manu e vita discessit.

1 clades, cladis f. Niederlage
2 bellare Krieg führen
3 legatus, -i m. Gesandter
4 circumvenire umstellen
5 triumphus, -i m. Triumphzug
6 optare wünschen

Textvorerschließung

Verschaffe dir einen Überblick – wovon handelt der Text?

a Welche Informationen gibt dir die Textumgebung (Überschrift, Einleitungstext)?
b Welche Personen kommen im Text vor?
c Was für eine Art von Text liegt hier vor (Erzählung, Brief, Dialog)? Welche äußeren Merkmale des Textes belegen deine Einschätzung?
d Welche Nomen (keine Eigennamen!), welche Verben kommen mehr als einmal im Text vor?

Wiederhole, was du zu der „Vorgeschichte" des Textes weißt:
Hannibal und die Römer (Lektion 24).

Übersetzungstraining

a Welche Wörter gehören zusammen?
Finde Wortblöcke Substantiv (ggf. mit Präposition) + Attribut, AcI-Block.
b Hannibal äußert Wünsche und Gedankenspiele. Woran erkennst du dies?

Übersetzung

Übersetze diesen Text.

Sprachbetrachtung

Vergleiche deine Ergebnisse mit der Lösung auf S. 146–147.
a Falls du eine abweichende Erwartung über den Inhalt des Texts hattest: Welche Signale hast du falsch gedeutet?
b Welchen Vorteil hat es dir beim Übersetzen verschafft, dass du eine Vorstellung von dem Inhalt hattest?
c Hast du nicht alle Wortblöcke herausgefunden? Dann solltest du in Grammatik-Begleitheft 1 nochmal nachlesen, was dort zum Thema „Kongruenz" steht (S. 10).
d Hattest du Schwierigkeiten, den AcI-Block zu identifizieren? Dann lies dazu Grammatik-Begleitheft 1 S. 38.
e Hattest du Schwierigkeiten, Wünsche und Gedankenspiele zu identifizieren und sinngemäß im Deutschen wiederzugeben? Dann lies dazu Grammatik-Begleitheft 2 S. 38–40.

Versuche, die Art deiner Fehler zu unterscheiden (Vokabeln, Formen des Verbs und des Nomens):
Bei zu vielen Vokabelfehlern: Wiederhole die Vokabeln der Lektionen 23–25.
Bei zu vielen Formenfehlern: Wiederhole Grammatik-Begleitheft 2 S. 37 und 41.
Bei welchen Textpassagen hat dir deine Kenntnis der Vorgeschichte weitergeholfen?

Stadtplanung

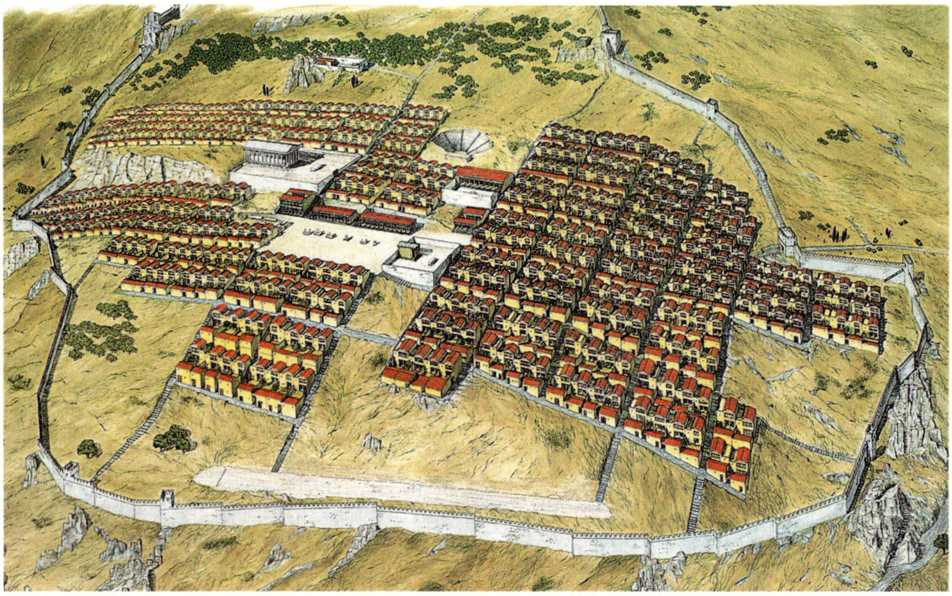

Rekonstruierte Ansicht der Stadtanlage von Priene am Ende des 4. Jh.s v. Chr.

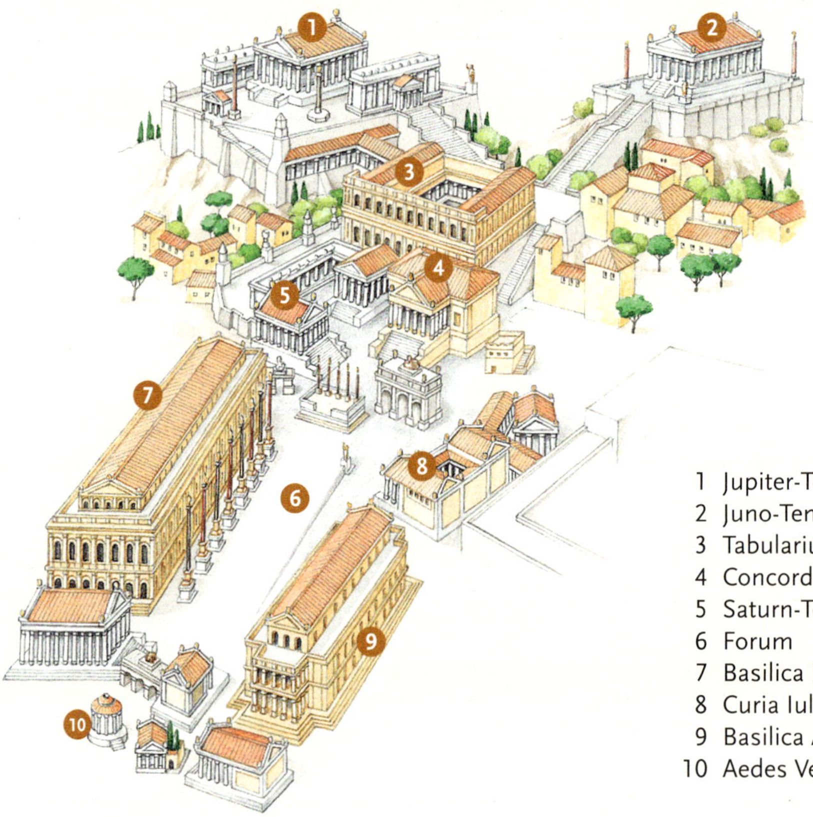

1 Jupiter-Tempel
2 Juno-Tempel
3 Tabularium
4 Concordia-Tempel
5 Saturn-Tempel
6 Forum
7 Basilica Iulia
8 Curia Iulia
9 Basilica Aemilia
10 Aedes Vestae

Das Forum Romanum, Rekonstruktionszeichnung

Luftbild von New York, Stadtteil Manhattan

INFO

Stadtplaner der Antike und der Neuzeit

Hippodamos aus Milet machte sich im 5. Jh. v. Chr. grundlegende Gedanken über die Anlage einer Stadt. Er beschrieb eine Stadt, die sich durch ein **rechtwinkliges Gittersystem** von **Straßen** gliederte (hippodamisches System). Viele antike Städte sind so gebaut.

Grundsätzlich wichtig war, eine Stadt an einem **günstigen Ort** zu gründen, z. B. an einem Fluss. Es wurde aber auch auf das **Klima** geachtet: Man richtete die Straßen nach den jeweils vorherrschenden Winden aus, damit der Wind Hitze abtransportierte und frische Luft der Stadt zuführte. Man war nämlich überzeugt, dass schlechte Luft Krankheiten bewirkt.

Bei den Römern lag dann im Zentrum der Stadt meist das **Forum**; die Gebäude für die Freizeitgestaltung waren am Stadtrand angesiedelt. Besucher fanden sich so in der antiken Stadt schnell zurecht, obwohl es keine Hausnummern gab. In der Neuzeit griff man Ideen antiker Stadtplaner wieder auf.

1. Nenne typische Beispiele für antike Städte.
2. Gibt es solche Städte auch in deiner Umgebung?
3. Nenne Vor- und Nachteile von Städten, die nach dem hippodamischen System gebaut sind.
4. Wie kann man den merkwürdigen Verlauf des Broadways in New York erklären?
5. Nenne günstige und eher ungünstige Orte für Stadtgründungen.

Übersetzungstraining

Lesen in der Fremdsprache – übersetzen

Lesen gehört zu den alltäglichen Beschäftigungen. Man liest beim Frühstück, in Bahn und Bus, in der Badewanne, im Bett – und natürlich in der Schule. Lesen macht Spaß! Wenn du ein spannendes Buch liest, vergeht die Zeit wie im Flug und die Tätigkeit des Lesens ist dir dabei nicht bewusst.

Wie **funktioniert** eigentlich der **unbewusste Vorgang des Lesens**?

Man kann verschiedene **Teilschritte des Lesevorgangs** unterscheiden:

Du **erkennst** die **Buchstaben**, **ziehst** diese Buchstaben **zu Lauten zusammen**, **erfasst** den **Sinn** des Wortes, **stellst Beziehungen** zwischen den Wörtern **her**, **verstehst** zuerst **Sätze**, dann **Texte**.

Schon während du die ersten Wörter entzifferst, hast du eine **Vorstellung** davon, was der **Inhalt** des Textes sein könnte. Diese erste Vorstellung bestätigt oder verändert sich während des Lesens; nach der Lektüre kannst du dann sagen: „Im Text geht es um ....“

Es laufen also gleichzeitig **zwei verschiedene Vorgänge** ab: Einerseits versucht der Leser, den Text zu verstehen, indem er **von** den **Buchstaben** und **Wörtern ausgeht**.

Andererseits hat der Leser zunächst eine erste, noch sehr unklare **Vermutung**, worum es in dem Text insgesamt gehen könnte. Während er einzelne Bestandteile von Sätzen liest, bildet sich bei ihm eine immer **deutlichere Vorstellung** vom Inhalt des Textes.

Grundsätzlich funktioniert das Lesen von lateinischen Texten so wie das Lesen von Texten in deiner Muttersprache, allerdings viel langsamer, denn du kennst die Wörter und die Grammatik der lateinischen Sprache (noch) nicht.

Gedankliche Schritte auf dem Weg zum Verstehen des Textes, die beim Lesen in deiner Muttersprache ganz automatisch und unbewusst ablaufen, funktionieren beim Lesen lateinischer Texte nicht.

Du musst bei lateinischen Texten ganz **bewusst nach Wortbedeutungen** oder **grammatikalischen Zusammenhängen** suchen.

Deshalb ist es nützlich, sich beim Lesen lateinischer Texte die Teilschritte bewusst zu machen und diese Schritte an die Besonderheiten der lateinischen Sprache anzupassen. Im Übersetzungstraining lernst du diese Schritte jetzt kennen!

Übersetzungstraining

1. Vermutungen über den Textinhalt anstellen
2. Latein richtig aussprechen
3. Wörter erkennen und verstehen
4. Sätze gliedern
5. Sätze verstehen
6. Texte verstehen

Vermutungen über den Textinhalt anstellen

Welchen **Nutzen** hat der Leser/Übersetzer, wenn er vorher Vermutungen über den Inhalt anstellt?

Wörter und Formen und die Beziehungen der Wörter zueinander sind oft **mehrdeutig**. Wenn ich aber eine **begründete Vermutung** über den Inhalt habe, dann wird Zweideutiges **eindeutig**!

Herr Müller kauft sich ein *Schloss*.

Was kauft Herr Müller? Ein *Schloss*, um etwas zu *verschließen*, oder ein *Schloss*, um darin zu *wohnen*?

Wenn der Text davon handelt, dass Herr Müller Sorge hat, dass sein Fahrrad gestohlen wird, kann ich diese Frage beantworten!

Wie kannst du zu einer begründeten Vermutung kommen?
Zunächst hilft dir die **„Textumgebung"**:

Lektion 4 | Wir lernen die Römer kennen

Ausflug aufs Land

Heute darf Lucius die Familie des Marcus Valerius Florus auf ihr Landgut begleiten. Dort soll der Getreide- und Fruchtbarkeitsgöttin Ceres zum Dank für die gute Ernte ein Opfer dargebracht werden. Deshalb reist die Familie zu ihrem Landgut in die Albaner Berge. Der Weg kommt Lucius fast endlos lang vor; doch schließlich liegt das Reiseziel in greifbarer Nähe:

Dēmētrius: „Iam vīllae rūsticae[1] appropinquāmus.
Ibī multī servī labōrant: Aliī frūmentum apportant, aliī vōbīs cibōs parant.
Ecce vīlicus[2] appropinquat."
Vīlicus[2]: „Salvē, domine! Salvēte! Intrāte vīllam.
Servī et ancillae[3], apportāte cibōs bonōs!"
Iam alia ancilla[3] dominō et dominae vīnum, alia puerīs aquam apportat.
Servī ancillīs[3] adsunt et cibōs apportant.
Nunc vīlicus[2] dominō nārrat: „Tibī multī servī sunt. Saepe negōtia servōrum dūra sunt. Sed servīs tuīs dūra negōtia nōn placent; itaque nōnnumquam miserī sunt. Cūr servīs ālia negōtia nōn dās?"

1 rūsticus, -a, -um Land-
2 vīlicus, -ī m. Verwalter
3 ancilla, -ae *f.* Sklavin

INFO

Römische Landgüter
Auf dem Bild seht ihr ein Landgut *(vīlla rūstica)*. Die Wohn- und Schlafräume *(cubicula)* für die Familie des Gutsherrn sowie die Unterkünfte für die Sklaven, die Ställe, Scheunen und Vorratsräume sind meist in einem einzigen Gebäude untergebracht. Nach der Ernte sind die Vorratsräume *(cellae)* der *vīlla rūstica* gut gefüllt. Die Sklaven, die auf den Feldern arbeiten, werden von einem **Gutsverwalter** *(vīlicus)* beaufsichtigt. Auch er ist ein Sklave. Er kümmert sich um die Verwaltung des Hofs und beaufsichtigt auch die übrigen Sklaven.

20 | viginti

Wir lernen die Römer kennen | Lektion 4

Während Florus und sein Verwalter die Arbeitsverteilung besprechen, erkunden die Kinder das Landgut. Plötzlich taucht ein junger Hund auf. Er gefällt Valeria sofort. Um ihr eine Freude zu machen, versucht Lucius den Hund zu fangen. Doch der junge Hund entwischt ihnen in die Vorratskammer.

Līberī iam cellam[4] vīllae rūsticae[1] intrant et attentē circumspectant[5].
Valeria: „Ubī catulus est? Catulum pulchrum vidēre nōn iam possum."
Etiam puer catulum vidēre nōn potest.
Cōgitat: „Catulus Valeriae placet. Mihī placet adesse Valeriae, amīcae meae. Sed ubī catulum reperīre possum?"
Tandem Lūcius catulum audit. Nam lātrat[6]. Lūcius catulō cautē appropinquat et catulum captat et valdē gaudet: „Nunc catulum teneō et libenter tibī dō." Etiam Valeria gaudet.
Subitō cella[4] obscūra est. Porta cellae[4] nōn iam aperta est. Sed līberī portam magnam aperīre non possunt. Itaque clāmant et catulus lātrat[6].
Sed servī līberōs nōn audiunt.
Valeria: „Cūr nōs nōn audiunt? Cūr nōbīs nōn adsunt?"
Iterum clāmant. Sed servī nōn veniunt. Valeria et Lūcius exspectant.
Timent et attentē audiunt. Itaque tacent, sed catulus lātrat[6].
Tandem virum audiunt: „Ubī estis, līberī? Cūr vōs portam aperīre nōn potestis?" Lūcius respondet: „Egō et Valeria portam aperīre nōn possumus, nam magna est. Nōbīs ades et portam magnam aperī!"
Vir portam cellae[4] aperit. Nunc līberī gaudent, catulus latrat[6].

4 cella, -ae f. Vorratskammer
5 circumspectat (er, sie, es) schaut sich um/schaut umher
6 latrat (er, sie, es) bellt

a Auch heute noch wird für eine gute Ernte gedankt. Wie wird bei uns das Erntedankfest gefeiert?
b Welche Räume besaß ein Landgut und wozu dienten sie? Vergleiche den Aufbau der *vīlla rūstica* mit einem heutigen Bauernhof.
c Im ersten Textabschnitt (Z. 1–10) werden die Gäste mit Speisen und Getränken versorgt. Suche heraus, wem jeweils Speisen und Getränke gebracht werden. Woran kannst du das an lateinischen Wörtern erkennen?
d Līberī attentī sunt. Līberī attentē circumspectant.
Das gleiche Wort, aber auf zweierlei Arten verwendet: Erläutere den Unterschied!
e Schon vor der Übersetzung kannst du erkennen, worum es im zweiten Abschnitt des lateinischen Textes geht. Welche Personen sind dort (Z. 11–28) genannt?
f Häufig vorkommende Wörter verraten dir schon Wichtiges über den Inhalt des Textes. Welche Wörter kommen im zweiten Abschnitt des lateinischen Textes (Z. 11–28) besonders oft vor?
g Was verraten dir die erwähnten Personen und die häufig vorkommenden Wörter über den Text?

unus et viginti | 21

Die Texte, die du in diesem Buch findest, sind in eine Umgebung „eingebettet": Sie sind Teil einer Lektion, die ein **Thema** hat; dieses Lektionsthema muss sich in den Texten wiederfinden!

Die Überschrift lautet: *Ausflug aufs Land* – und genau darum wird es wohl auch in diesem Text gehen!

In den Lektionen findest du auch **Bilder**, **Zeichnungen** oder **Karten**. Sie veranschaulichen das Thema der Texte. Wenn du nun das Lektionsthema zu dem Bildmaterial in Beziehung setzt, wird aus deiner ersten Vermutung eine **deutlichere** und **klarere Vorstellung** vom Inhalt des Textes.

Die Abbildung auf S. 18 in Band 1 zeigt ein Bild vom Leben auf dem Land: Leute, die auf dem Feld arbeiten, Gebäude, die ähnlich wie ein Bauernhof aussehen.
Sind die Kinder auf dem Bild vielleicht Lucius und Valeria? Auf jeden Fall weisen das Bild und die Lektionsüberschrift darauf hin, dass der Text von einem Ausflug aufs Land handelt!

Jeder Lektionstext hat einen deutschen **Einleitungstext**. Dieser Text hat die Aufgabe, in den lateinischen Text einzuführen; das bedeutet, dass der lateinische Text die Fortführung des Einleitungstextes ist. Wenn du also sorgfältig die Aussagen des Einleitungstextes zusammenstellst, kannst du **Schlüsse** ziehen, **wie es** wahrscheinlich **weitergeht**.

Der Einleitungstext bestätigt die Vermutung: Lucius und Valeria sind dabei, der Ausflug geht auf das Landgut des Senators. Der 2. Einleitungstext verrät, dass Lucius einen Hund zu fangen versucht. Gelingt ihm das?

Jetzt kannst du deine bisherigen Vermutungen mit deinen neuen Erkenntnissen vergleichen: Wird deine Vermutung bestätigt, erfährst du neue Einzelheiten? Musst du deine Vermutung vielleicht ändern?

Außerdem bringt dich ein **Blick von „oben"** auf den Lektionstext weiter:

Fallen dir beim Überfliegen des Textes **Eigennamen** (Personen, Orte) auf, die auf einen bestimmten **Textinhalt** hinweisen?

Manchmal gibt der Aufbau des Textes Hinweise: **Eigennamen**, denen eine **direkte Rede** (Anführungszeichen) folgt, lassen den Schluss zu, dass eben diese Personen sich miteinander unterhalten.

Auch die **Personalendungen** der **Prädikate** liefern sichere Hinweise: **1.** und **2. Person** (ich, du, wir, ihr) verraten dir, dass ein **Gespräch** geführt wird. Siehst du am häufigsten die **3. Person**, dann deutet das auf eine **Erzählung** über ein Ereignis, einen Ort oder über einen Menschen hin.

Im ersten lateinischen Text sieht man sofort, wer spricht: Demetrius, der Lehrer der Kinder (Ob er – typisch Lehrer – etwas erklärt?) und ein gewisser *vilicus*, der Verwalter des Landgutes.

Im zweiten lateinischen Text kannst du die Namen der beiden Kinder entdecken: Wahrscheinlich versuchen sie, den Hund zu fangen. Dann spricht am Ende des Textes ein Unbekannter die Kinder an. Die Anführungszeichen zeigen dir, wer mit wem ein Gespräch führt.

Wiederholungen von **Wörtern** (Nomen, Verben) weisen auf ein **Thema** des Textes hin. Wenn du beim Überfliegen darauf achtest, welche Wörter mehr als einmal wiederholt werden, diese sammelst und dir dann überlegst, in welcher Beziehung sie zueinander stehen, erhältst du wertvolle Hinweise auf den Inhalt des Textes.
Im **Zusammenspiel** einiger dieser Verfahren kannst du vor dem Übersetzen wirklich **begründete Vermutungen** über den Inhalt eines Textes anstellen!

Im ersten lateinischen Text fallen folgende Wortwiederholungen auf:
appropinquamus, *appropinquat*: Da kommt jemand näher; *vilicus* (3 mal): der Verwalter, und zwar im Nominativ und demnach als Subjekt: Er macht wohl einiges.
servi (3 mal), *servis* (2 mal), *servorum*; *ancillae*, *ancilla*, *ancillis*: 9 mal werden in diesem kurzen Text Sklaven und Sklavinnen erwähnt: Sie stehen wahrscheinlich im Mittelpunkt dieses Textes.
negotia (2 mal) und *dura* (2 mal): harte Tätigkeiten – Handelt es sich dabei um die Arbeit der Sklaven?
villa (2 mal): Das ist der Ort der Handlung, das Landgut.
cibos (2 mal): Wer bekommt wohl diese Speisen? Vielleicht die angekommenen Gäste nach ihrer langen Reise?

Līberī iam cellam[4] vīllae rūsticae[1] intrant et attentē circumspectant[5].
Valeria: „Ubī catulus est? Catulum pulchrum vidēre nōn iam possum.“
Etiam puer catulum vidēre nōn potest.
Cōgitat: „Catulus Valeriae placet. Mihī placet adesse Valeriae, amicāe meae. Sed ubī catulum reperīre possum?“
Tandem Lūcius catulum audit. Nam lātrat[6]. Lūcius catulō cautē appropinquat et catulum captat et valdē gaudet: „Nunc catulum teneō et libenter tibī dō.“ Etiam Valeria gaudet.
Subitō cella[4] obscūra est. Porta cellae[4] nōn iam aperta est. Sed līberī portam magnam aperīre non possunt. Itaque clāmant et catulus lātrat[6].
Sed servī līberōs nōn audiunt.
Valeria: „Cūr nōs nōn audiunt? Cūr nōbīs nōn adsunt?“
Iterum clāmant. Sed servī nōn veniunt. Valeria et Lūcius exspectant.
Timent et attentē audiunt. Itaque tacent, sed catulus lātrat[6].
Tandem virum audiunt: „Ubī estis, līberī? Cūr vōs portam aperīre nōn potestis?“ Lūcius respondet: „Egō et Valeria portam aperīre nōn possumus, nam magna est. Nōbīs ades et portam magnam aperī!“
Vir portam cellae[4] aperit. Nunc līberī gaudent, catulus latrat[6].

Im zweiten lateinischen Text kommt besonders oft das Wort *catulus, Hund*, vor:
Das passt zum Einleitungstext. Dieser Hund bellt ziemlich viel – das Verb *latrat* wird nämlich oft wiederholt.
Außerdem kommt das Wort *cella* oft vor. Dort verschwindet der Hund laut Einleitungstext, und die Kinder versuchen ihn dort wahrscheinlich zu fangen.
Porta und *aperire* fallen noch auf: Eine Tür spielt offenbar eine Rolle und wie/ob/dass sie zu öffnen ist. Jetzt ist vor dem Übersetzen fast schon klar, worum es im Text der Lektion 4 geht!

Latein richtig aussprechen

Anders als in den modernen Fremdsprachen, z. B. in Englisch und Französisch, geht es im Lateinunterricht nicht darum, sich Lateinisch unterhalten zu können. Trotzdem ist es wichtig zu wissen, wie lateinische Wörter ausgesprochen werden, und sie auch laut auszusprechen. Dafür gibt es mehrere Gründe:

1. **Sprache** kommt von **sprechen**; du kannst dir Wörter besser **merken** und Wörter leichter lernen, wenn du weißt, wie sie ausgesprochen werden, und sie auch aussprichst, und zwar laut!

Liberi pila ludunt.
Welcher Kasus ist *pila*? Nominativ oder Ablativ?

2. Die richtige Aussprache hilft dir, bei mehrdeutigen Formen die im Text verwendete Form zu erkennen.

Deine Lehrkraft wird dir diesen Satz so vorlesen:
Liberi pilā ludunt. Langes a – Ablativ, alles klar!

3. In der Regel liest dir die Lehrkraft den lateinischen Text vor. Es lohnt sich, hier auf den **Lesevortrag** zu achten: Wörter, die grammatisch und inhaltlich zusammengehören, werden zusammen gelesen und von den anderen durch größere Pausen getrennt.

Servī māchinā trāctōriā statuās pulchrās dē carrīs tollunt.

Wörter erkennen und verstehen

Es gibt einen grundlegenden Unterschied zwischen der deutschen und lateinischen Sprache: Während im **Deutschen** die **Rolle**, die die Wörter **im Satz** spielen, z. B. **durch Artikel** und **Personalpronomen** verdeutlicht wird, geschieht dies im **Lateinischen** durch **Endungen**.
Du achtest im **Deutschen** also immer auf den **Anfang des Wortes**, weniger auf das Wortende.
Im **Lateinischen** dagegen musst du besonders auf das **Wortende** achten.

Ich sehe den Hund. *Video catulum.*

Wenn du einen Satz übersetzt, beschäftigst du dich zunächst mit den einzelnen **Wörtern**. Du versuchst, ihre **Bedeutung** zu erfassen, und manchmal ist dir schon durch die Bedeutung der Wörter klar, welchen **Sinn** der Satz haben könnte.

Obelix militem Romanum verberat.
(*verberare* verprügeln)

Was sagt dir deine Lebenserfahrung? Wer verprügelt wen? Wie kannst du das beweisen?

Das funktioniert manchmal. Besser findest du dich zurecht, wenn du dir genau die **Endungen** anschaust, denn sie geben dir Auskunft darüber, in welcher **Beziehung** die **Wörter zueinander** stehen, welche **Wörter zusammengehören** und welche **Rolle** sie im **Satz** einnehmen.

Schon beim Vokabellernen bereitest du dich auf das Übersetzen vor, wenn du die Vokabeln „richtig" lernst! Es genügt nicht, nur die deutsche Bedeutung zu lernen. Auch die **weiteren Angaben** zu dem lateinischen Wort sollten mitgelernt werden. Sie geben dir nämlich wichtige Hinweise für die Übersetzung.

senator, -oris m. Senator
Der Genitiv *senatoris* zeigt an, dass dieses Wort zur konsonantischen Deklination gehört. Jetzt ist klar, wie das Wort dekliniert wird; außerdem kann ich nun die Kasus im lateinischen Text bestimmen!
Dieses Wort hat das Genus maskulinum – nun kann das zugehörige Adjektiv als Attribut sicherer bestimmt werden: Es muss auch maskulinum sein!

Wenn mehr als eine deutsche Bedeutung angegeben ist, welche muss dann gelernt werden? Ganz klar – alle! Dir kann es sonst passieren, dass du eine unpassende Bedeutung lernst.

Lucius et Quintus servo adesse cupiunt.
Lucius und Quintus wollen dem Sklaven helfen.

Lucius: „Quintus adest!" Lucius: „Quintus ist da!"
Wie würdest du diese beiden Sätze verstehen und übersetzen, wenn du nur eine Bedeutung von *adesse* wüsstest?

Besonders gut lernst du, wenn du dir beim Lernen klar machst, was das lateinische Wort **eigentlich bedeutet**. Du musst das lateinische Wort nicht mit genau der Bedeutung, die im Buch steht, wiedergeben. Um den deutschen Ausdruck zu verbessern, kannst du **ein anderes**, **passenderes** Wort einsetzen.

intrare betreten – das bedeutet irgendwo hineingehen.
Wenn du dir das klargemacht hast, kannst du folgenden Satz besonders gut übersetzen:
„*Curiam intra!*" – „Geh in die Kurie hinein!"

Sätze gliedern

Übersicht ist alles – auch beim Übersetzen! Wenn die Sätze länger werden, empfiehlt es sich, vor dem Übersetzen die Sätze zu **gliedern**.

Multi senatores de pace et bello disputant, dum Lucius forum Romanum, centrum imperii Romani, spectat.

1. Gliederungsebene: Haupt- und Nebensätze

Wie kann man Haupt- und Nebensätze **unterscheiden**?
Woran **erkennt** man **Hauptsätze**?
Alle die Sätze sind Hauptsätze, die keine Nebensätze sind.
Alle die Sätze sind **Nebensätze**, die durch eine **Subjunktion** (z. B. *dum*) oder durch ein **Relativpronomen** eingeleitet werden.

dum Lucius ... spectat
Das ist ein Nebensatz, denn *dum* ist eine Subjunktion.

Kombiniere: *multi senatores ... disputant* – das ist demnach der Hauptsatz!

2. Gliederungsebene: Wortblöcke

Im Haupt- und im Nebensatz werden nun jeweils die **Wortblöcke** abgetrennt.
Welche Wortblöcke kennst du bereits?

- Nomen + adjektivisches Attribut
- Nomen + substantivisches Attribut
- Präposition + Nomen

multi senatores
centrum imperii
de pace et bello

3. Wohin kommt das Prädikat in der deutschen Übersetzung?

Das **Prädikat** des **Hauptsatzes** kommt an die **zweite Stelle**.

Multi senatores de pace et bello disputant.
Das Prädikat wird also im Deutschen nach *senatores* eingefügt.

Das **Prädikat** des **Nebensatzes** kommt an das **Ende** des Satzes.

dum Lucius ... spectat Das Prädikat kommt hier auch im Deutschen an die letzte Stelle!

Wenn du einen Satz so gegliedert hast, gelingt die Übersetzung gut!

Sätze verstehen

Du hast begründete Vermutungen über den Textinhalt angestellt und eine Vorstellung davon bekommen, worum es in dem Text geht. Dabei hast du sozusagen **„von oben"** auf den Text geschaut und ein **allgemeines Textverständnis** erworben.

„Die Passagiere des Fluges nach Rom werden gebeten, die Sicherheitsgurte anzulegen!"

Wenn du dir nun einen einzelnen Satz ansiehst, um diesen im Detail zu verstehen, erkennst du zunächst einzelne **Wörter**. Dein Wissen um Formen und Grammatik ermöglicht dir, die **Beziehungen** der Wörter zueinander zu erkennen, den Satz in **Wortblöcke** zu gliedern und den Platz zu bestimmen, an den in der deutschen Übersetzung das **Prädikat** gehört. Jetzt – manchmal auch schon vorher – verstehst du den Satz und kannst ihn übersetzen. Wie bildet sich in deinem Kopf dieses Verständnis?

Wenn du einen Text in deiner Muttersprache liest, nimmst du zuerst die **Aussagen** wahr. Diese formen sich in deinem Gehirn zu einem **Bild**, ja sogar zu einem **Film** – „Kopfkino" sozusagen. Zusammen mit diesem Bild (oder Film) entstehen in dir **Gefühle**, die du persönlich mit den Bildern in deinem Kopf verbindest. Diese Bilder und Gefühle erlauben dir, die Aussagen des Textes besser zu verstehen. **Wechselseitig** werden die **Aussagen** im Satz **deutlicher**, die **Bilder** in deinem Kopf **schärfer** – du hast den Satz verstanden.
Dieser Verstehensprozess funktioniert beim Übersetzen aus dem Lateinischen im Prinzip genauso. Allerdings solltest du – anders als beim Lesen in deiner Muttersprache, wo das unbewusst abläuft – dir das „Kopfkino" bewusst machen, denn es gilt Unterschiede zu beachten:

1. In lateinischen Sätzen erfasst du Aussagen langsamer als in deiner Muttersprache, da du erst Wörter erkennen und analysieren, Formen erkennen, Beziehungen zwischen Wörtern herstellen musst. Dabei besteht die Gefahr, dass du dir vorschnell eine falsche Vorstellung vom Inhalt des Satzes machst und damit einen Film auslöst, aufgrund dessen du eindeutige grammatische Signale übersiehst – Du hast dann den Satz nicht richtig verstanden, also falsch übersetzt.

Publius ursum devoravit.
Publius – Bär – fressen:

Dein Weltwissen sagt dir, dass Bären manchmal Menschen fressen. Was liegt also näher, als diesen Satz zu übersetzen: *Der Bär hat Publius gefressen.* Wenn du allerdings genau hinsiehst, erkennst du, dass es sich umgekehrt verhält!

Du musst also **nach** deiner **Übersetzung überprüfen**, ob sie eine **sprachliche Grundlage** im **lateinischen Text** hat. Dazu ist es nützlich, sich zu vergegenwärtigen, welche Rollen im Satz einzelne Wörter, Wortarten, Kasus und Satzteile übernehmen.

2. Wenn eine Aussage das „Kopfkino“ auslöst, spielt dieses Kino in deiner Welt und speist sich aus dem, was du über die Welt weißt. Lateinische Texte spielen jedoch in einer fernen Welt, in der manches ganz anders war als heute. Um diese „anderen“, „fremden“ Dinge zu beschreiben, benutzen wir in unserer Sprache Begriffe, über die in der Antike und heute unterschiedliche Vorstellungen herrschen. Du musst also darauf achten, ob über **Wörter** und **Begriffe heute** und **damals** die gleiche Vorstellung existiert. Dazu ist es nützlich, sich bereits beim **Vokabellernen** eine klare Vorstellung davon zu machen, was ein **Wort bedeutet** (vgl. auch *Wörter erkennen und verstehen*).

villa, -ae f. Landhaus, Landgut
(vgl. Bd. 1, Lekt. 4) bedeutet im Lateinischen etwas ganz anderes als unser Lehnwort *Villa!*

magister, ludus
Dass Lehrer und Schule in der Antike und heute etwas Verschiedenes bezeichen, hast du in Bd.1, Lekt. 3 kennengelernt!

3. Ein Autor beschreibt meist nur so viel, wie ein Leser benötigt, um den Satz zu verstehen. Er setzt darauf, dass nach bestimmten Wörtern beim Leser das „Kopfkino“ in Gang kommt und genau der Film abläuft, der zum Verständnis nötig ist. Es bleiben nämlich in allen Texten viele Dinge offen und ungesagt, bei denen davon auszugehen ist, dass sie dem Leser bekannt sind.

„Da, eine Parklücke! Er bremste scharf und parkte ein.“
Was für ein Film liefe im Kopf eines Römers ab? Welche Informationen bräuchte er, um diesen kurzen Text zu verstehen?

Das gilt auch für lateinische Texte – aber was passiert, wenn ein Leser den hier benötigten Film nicht kennt oder sein Film aus der „Jetztzeit“ nicht passt? In diesem Fall fehlen wichtige Informationen, was das Übersetzen des Satzes sehr erschwert.
Auch aus diesem Grund ist es notwendig, sich beim Vokabellernen über die Bedeutung der Wörter für die Römer klar zu werden und das mitzulernen.

Cäsar beschrieb eine gefährliche Situation, als sein Heer von feindlichen Truppen überfallen wurde, während die Soldaten ein Lager errichteten:
„Cäsar musste alles zugleich tun: Die Fahne musste gehisst werden, die Soldaten mussten von der Schanzarbeit zurückgerufen werden, die Kampfreihe aufgestellt, die Soldaten motiviert, das Angriffsignal geblasen werden.“
Welche zusätzlichen Informationen brauchst du, damit in deinem Kopf ein ähnlicher Film wie im Kopf eines Römers ablaufen könnte?

Sehr hilfreich ist es bei der genauen Übersetzung einzelner Sätze, das Ergebnis des Arbeitsschritts *Vermutungen über den Textinhalt anstellen* zu beachten – wenn du weißt, worüber der gesamte Text handelt, dann bist du ja auch schon darüber im Bilde, was in den Einzelsätzen das Thema ist!

Texte verstehen

Das Fremdwort *Text* kommt, wie so viele andere Fremdwörter auch, aus dem Lateinischen und bedeutet *Gewebe, Geflecht* von Wörtern und Sätzen. Damit ein Text ein Text ist, muss er bestimmten **Bauprinzipien** folgen. Wenn du diese kennst, kannst du nicht nur die Aussagen der einzelnen Sätze zu einer **Gesamtaussage** des Textes bündeln, sondern erhältst auch eine wichtige **Hilfe** bei der **Übersetzung** von Einzelsätzen.

Damit ein Gewebe entsteht, müssen die Einzelsätze miteinander verknüpft sein. Das geschieht hauptsächlich durch folgende „Maßnahmen“:

1. Durch **„Satzverbinder“**, **Konnektoren**. Es lohnt sich für dich, diesen „kleinen“ Wörtern wie z. B. *nam, itaque, subito, denique* beim Lernen besondere Sorgfalt zu widmen und dir deren Bedeutung ganz bewusst einzuprägen, denn sie verraten dir den Inhalt des Satzes, den sie einleiten.

In Germanorum vicis mercatores merces suas vendunt. Etiam ego merces meas ibi vendidi.

In den germanischen Dörfern verkaufen Kaufleute ihre Waren. Auch ich .... Dank *etiam* ist eigentlich klar, wie der Satz weitergeht!

Wenn ein Satz mit *nam* oder *itaque* beginnt, dann weißt du schon vor dem Übersetzen, dass in diesem Satz die Begründung für das im vorhergehenden Satz Geschriebene steht; beginnt er mit *subito*, weißt du, dass etwas Überraschendes, Unerwartetes geschildert wird (für dich als aufmerksamen Leser ist das aber nicht so überraschend, da du weißt, dass sich das auf den Inhalt des vorangegangenen Satzes bezieht); *denique* am Satzanfang verrät dir, dass in diesem Satz eine Handlung/ein Vorgang seinen Endpunkt findet.

Publius erzählt vom Überfall eines Bären:
„Denique auxilio aliorum virorum ursum depellere potui!“
Dank *denique* weißt du, dass das Bärenabenteuer zu Ende ist, der Bär in dieser Geschichte nicht mehr auftaucht!

2. Das Geflecht wird auch dadurch geknüpft, dass am **Anfang** eines **neuen Satzes** das **Thema** des **vorangegangenen Satzes wiederholt** wird. Das erleichtert dir als Übersetzer/Leser den Zugang zum Verständnis des neuen Satzes. Wenn du das weißt, kennst du schon den Beginn des Satzes!
   Du kannst also mit Hilfe von Konnektoren und dem Wissen um die inhaltliche Verknüpfung von Sätzen begründete Voraussagen treffen, was in dem neuen Satz enthalten sein muss. Gleichzeitig erschließt sich dir der Gehalt eines Textes, da dir bewusst wird, in welchem logischen Verhältnis die Sätze zueinander stehen.

Decimus Antonius senator nonnullos amicos ad cenam invitaverat. Amicos suos in atrio salutaverat.

Im Vokabelverzeichnis sind links die lateinischen Wörter genau in der Reihenfolge aufgeführt, in der sie im Lektionstext vorkommen. Die Ziffern links am Rand neben den Vokabeln erleichtern das Abzählen.
In der mittleren Spalte findest du die deutschen Bedeutungen der Vokabeln. In der rechten Spalte stehen deutsche, englische, französische, spanische und italienische Vokabeln, die ebenfalls von der lateinischen Vokabel abgeleitet sind. Oft kannst du hier Merkhilfen finden (Beispiel *Video*). Du siehst aber auch, wie die Kenntnis lateinischer Vokabeln es dir erleichtert, Wörter moderner Sprachen zu verstehen. Die aufgeführten Wörter sind entnommen

- dem *Schülerduden Wortgeschichte* (Deutsch)
- dem Lernvokabular des Lehrwerkes *English G 21 A1 – A2* (Englisch)
- dem Lernvokabular des Lehrwerkes *À plus! Band 1 – 2* (Französisch)

Über 90% der Vokabeln der romanischen Sprachen stammen aus dem Lateinischen. Entsprechend umfangreich ist die Zahl der möglichen Vergleichswörter aus dem Spanischen und Italienischen. Hier sind nur ausgewählte Beispiele aus dem alltäglichen Vokabular angegeben.

Nenne selbst weitere verwandte Wörter aus dem Spanischen, Italienischen oder anderen dir bekannten Sprachen.

Lektion 14

immortālis, immortālis, immortāle, *Gen.:* **immortālis** (▷ mors, mortuus Lekt. 8)	unsterblich	
frūx, frūgis *f.*	die/eine (Feld-)Frucht	*engl.* fruit; *fr.* fruits; *it.* frutto
maximus, -a, -um (▷ magnus Lekt. 2)	der größte, der bedeutendste	
īnsula, -ae *f.*	die/eine Insel	*engl.* island; *fr.* île
5 **dēscendere, dēscendō, dēscendī, dēscēnsum**	hinab-, herabsteigen	
flōs, flōris *m.*	die/eine Blume, die/eine Blüte	*engl.* flower; *fr.* fleur
colligere, colligō, collēgī, collēctum	sammeln	*dt.* die Kollekte, die Kollektion, kollektiv; *engl.* (to) collect
manus, manūs *f.*	die/eine Hand; die/eine Schar	*dt.* das Manuskript; *fr.* main; *sp./it.* mano
terra, -ae *f.*	die/eine Erde, das/ein Land	*dt.* das Territorium; *engl.* territory; *fr.* terre
10 **rēx, rēgis** *m.* **rēgīna, -ae** *f.* (▷ regere Lekt. 10)	der/ein König die/eine Königin	*dt.* der Regent; *fr.* roi; *sp.* rey; *it.* re
īnferī, -ōrum *m.* *(Pluralwort)*	die Unterwelt *(wörtlich: die Unterirdischen)*	
amor, amōris *m.* (▷ amāre Lekt. 1)	die/eine Liebe	

vehemēns, vehemēns, vehemēns, *Gen.:* **vehementis**	heftig	
vīvere, vīvō, vīxī (▷ vīta Lekt. 11)	leben	*fr.* vie *Leben*; *sp.* vivir; *it.* vivere
sibi *(Dat. zu* **sē***)*	sich; *hier*: ihm	
rapere, rapiō, rapuī, raptum	rauben, reißen; entführen	
celer, celeris, celere, *Gen.:* **celeris**	schnell	
rēgnum, -ī *n.* (▷ regere Lekt. 10)	die/eine Königsherrschaft, die/eine Herrschaft, das/ein Reich	
adiuvāre, adiuvō, adiūvī, adiūtum *(mit Akk.)*	unterstützen, (jmdm.) helfen	*fr.* aider
frūstrā *(Adv.)*	vergeblich, umsonst	
ingēns, ingēns, ingēns, *Gen.:* **ingentis**	gewaltig, ungeheuer (groß)	
dēesse, dēsum, dēfuī (▷ dē Lekt. 6, esse Lekt. 1)	fehlen, nicht da sein	
omnis, omnis, omne, *Gen.:* **omnis**	jeder; ganz; *Pl.*: alle	*dt.* der Omnibus
cūra, -ae *f.*	die/eine Sorge, die/eine Sorgfalt; die/eine Pflege	*dt.* die Kur
vestīgium, -ī *n.*	der/ein Fuß, die/eine Spur	
recipere, recipiō, recēpī, receptum (▷ capere Lekt. 11)	annehmen, aufnehmen; zurücknehmen, zurückziehen	*dt.* das Rezept; *fr.* recevoir
cūrāre, cūrō, cūrāvī, cūrātum (▷ cūra)	sorgen für, versorgen	*dt.* kurieren; *sp.* curar
prūdēns, prūdēns, prūdēns, *Gen.:* **prūdentis**	klug, erfahren	*fr.* prudent, -e
prōvidēre, prōvideō, prōvīdī, prōvīsum *(mit Akk.)* *(mit Dat.)* (▷ prō Lekt. 6, vidēre Lekt. 1)	vorhersehen; sorgen für	*dt.* die Provision, provisorisch
ager, agrī *m.*	der/ein Acker, das/ein Feld; das/ein Gebiet	*dt.* Agrar-
mortālis, mortālis, mortāle *Gen.:* **mortālis** (▷ mors, mortuus Lekt. 8)	sterblich	
sapiēns, sapiēns, sapiēns, *Gen.:* **sapientis**	weise, einsichtsvoll	
dēcernere, dēcernō, dēcrēvī, dēcrētum	entscheiden, beschließen	
tot	so viele	
mēnsis, mēnsis *m.*	der/ein Monat	*engl.* month; *fr.* mois
quot?	wie viele?	*dt.* die Quote

Lektion 15

observāre, observō, observāvī, observātum	beobachten, beachten	*dt.* das Observatorium; *fr.* observer
taurus, -ī *m.*	der/ein Stier	
incrēdibilis, incrēdibilis, incrēdibile, *Gen.:* **incrēdibilis** (▷ crēdere Lekt. 10)	unglaublich	
fōrma, -ae *f.*	die/eine Gestalt, die/eine Erscheinung; (die) Schönheit	*dt.* die Form; *engl.* form
corpus, corporis *n.*	der/ein Körper	*dt.* korpulent
color, colōris *m.*	die/eine Farbe	*engl.* colour
umquam *(Adv.)*	jemals	
vultus, vultūs *m.*	das/ein Gesicht; die/eine Miene, der/ein Ausdruck	
sinere, sinō, sīvī *und* **siī, sītum**	lassen, zulassen	
iūcundus, -a, -um	angenehm, erfreulich	
quam *(mit Komparativ)*	als	
cōnspicere, cōnspiciō, cōnspexī, cōnspectum (▷ aspicere Lekt. 9)	erblicken	
meā/tuā/nostrā/vestrā/suā sponte	von selbst, aus eigenem Antrieb	
adīre, adeō, adiī, aditum (▷ īre Lekt. 5)	herangehen, hingehen	
brevis, brevis, breve, *Gen.:* **brevis**	kurz	
tempus, temporis *n.*	die/eine Zeit	*dt.* das Tempo; *engl.* time; *fr.* temps; *sp.* tiempo
ferus, -a, -um	wild	
tergum, -ī *n.*	der/ein Rücken	
cōnsīdere, cōnsīdō, cōnsēdī *und* **cōnsīdī, cōnsessum**	sich niederlassen	
celeritās, celeritātis *f.* (▷ celer Lekt. 14)	(die) Schnelligkeit	
relinquere, relinquō, relīquī, relictum	verlassen; zurücklassen	*dt.* die Reliquie
nē ... quidem	nicht einmal	
tenuis, tenuis, tenue, *Gen.:* **tenuis**	dünn; fein; schwach	
cernere, cernō, crēvī, crētum	wahrnehmen, sehen	
longus, -a, -um	lang; weit	*engl.* long; *fr.* long, -ue
cōnficere, cōnficiō, cōnfēcī, cōnfectum (▷ facere Lekt. 10)	zu Ende bringen, zurücklegen	

impellere, impellō, impulī, impulsum	(an)stoßen, bewegen, veranlassen	*dt.* der Impuls
fēlīx, fēlīx, fēlīx, *Gen.:* **fēlīcis**	glücklich	*sp.* feliz; *it.* felice
parere, pariō, peperī, partum	hervorbringen, gebären; erwerben	

Lektion 16

	iubēre, iubeō, iussī, iussum *(mit Akk.)* (▷ iussū Lekt. 11)	(jmdm.) befehlen	
	hic, haec, hoc	dieser, diese, dieses	
	ille, illa, illud	jener, jene, jenes	
	bōs, bovis *m. u. f.* *Gen. Pl.:* **boum,** *Dat./Abl. Pl.:* **bobus**	das/ein Rind, die/eine Kuh, der/ein Ochse	
5	**stabulum, -ī** *n.*	der/ein Stall	
	numquam *(Adv.)* (▷ umquam Lekt. 15)	nie(mals)	
	cōpia, -ae *f.* **cōpiae, -ārum** *f.* *(Pluralwort)*	die/eine Menge, die/eine Masse (die) Truppen	*dt.* die Kopie, kopieren; *engl.* copy
	odor, odōris *m.*	der/ein Geruch, der/ein Gestank	*fr.* odeur
	malus, -a, -um *(Komp.:* **pēior, pēius,** *Gen.:* **peiōris** / *Sup.:* **pessimus, -a, -um***)*	schlecht, schädlich, böse	*sp.* malo, -a; *it.* male
10	**vexāre, vexō, vexāvī, vexātum**	quälen	
	cīvis, cīvis *m.*	der/ein Bürger	*dt.* zivil
	removēre, removeō, remōvī, remōtum (▷ movēre Lekt. 6)	entfernen, beseitigen	
	glōria, -ae *f.*	(der) Ruhm	*sp./it.* gloria
	augēre, augeō, auxī, auctum	vergrößern, vermehren, fördern	*dt.* die Auktion
15	**cōgere, cōgō, coēgī, coāctum**	(ver)sammeln; zwingen	
	pars, partis *f.* **partēs, partium** *f.*	der/ein Teil; die/eine Richtung; die/eine Seite die/eine Partei	*engl.* part; *fr.* partie
	facilis, facilis, facile, *Gen.:* **facilis** (▷ facere Lekt. 10)	leicht (zu tun), bequem	*fr.* facile; *sp.* fácil; *it.* facile
	flūmen, flūminis *n.*	der/ein Fluss	*it.* fiume
	līberāre, līberō, līberāvī, līberātum	befreien	*fr.* libre *frei*; *it.* liberare
20	**inquit** *(nachgestellt)*	(er, sie, es) sagt(e)	
	prōmittere, prōmittō, prōmīsī, prōmissum	versprechen	*engl.* (to) promise

at	aber, dagegen	
praetereā *(Adv.)*	außerdem	

Lektion 17

	castra, -ōrum *n. (Pluralwort)*	das/ein Lager	*engl.* castle; *fr.* château
	contendere, contendō, contendī	eilen, sich anstrengen, kämpfen	
	fortis, fortis, forte, *Gen.:* **fortis**	tapfer, mutig, stark	*fr.* fort, -e; *it.* forte
	pūgnāre, pūgnō, pūgnāvī, pūgnātum	kämpfen	
5	**vulnerāre, vulnerō, vulnerāvī, vulnerātum**	verwunden, verletzen	
	gravis, gravis, grave, *Gen.:* **gravis**	schwer; bedeutend; streng	*fr./sp./it.* grave
	dolor, dolōris *m.*	der/ein Schmerz	*sp.* dolor
	sustinēre, sustineō, sustinuī, sustentum (▷ tenēre Lekt. 4)	aushalten, (er)tragen	
	terrēre, terreō, terruī, territum	erschrecken	*dt.* der Terror
10	**obviam** *(Adv.)*	entgegen	
	petere, petō, petīvī, petītum	erbitten, zu erreichen suchen, (einen Ort) aufsuchen, angreifen	
	retinēre, retineō, retinuī, retentum (▷ tenēre Lekt. 4)	aufhalten, zurückhalten	
	senex, senis *m.*	der/ein alter Mann, der/ein Greis	
	crūdēlis, crūdēlis, crūdēle, *Gen.:* **crūdēlis**	grausam, roh	*engl.* cruel
15	**persuadēre, persuādeō, persuāsī, persuāsum** *(mit Dat.)*	jmdn. überreden, überzeugen	
	aciēs, aciēī *f.*	die/eine Schlachtreihe	
	proelium, -ī *n.*	der/ein Kampf, die/eine Schlacht	
	nāvis, nāvis *f.*	das/ein Schiff	*dt.* die Navigation
	virtūs, virtūtis *f.* (▷ vir Lekt. 4)	(die) Tapferkeit, (die) Tatkraft, die/eine Tugend	
20	**vallum, -ī** *n.*	der/ein Wall	*engl.* wall
	dēfendere, dēfendō, dēfendī, dēfēnsum	verteidigen	*dt.* defensiv, die Defensive
	resistere, resistō, restitī	sich widersetzen, Widerstand leisten	
	vincere, vincō, vīcī, victum	(be)siegen	*sp.* vencer
	cēdere, cēdō, cessī, cessum	gehen, weichen	
25	**unda, -ae** *f.*	die/eine Welle, die/eine Flut	

victōria, -ae *f.* (▷ vincere)	der/ein Sieg	*sp.* victoria
negāre, negō, negāvī, negātum	verweigern, verneinen, nein sagen	*dt.* negativ
sors, sortis *f.*	das/ein Los; das/ein Schicksal	*fr.* sort
frāter, frātris *m.*	der/ein Bruder	*fr.* frère
30 **arma, -ōrum** *n. (Pluralwort)*	(die) Waffen	*dt.* die Armee
superāre, superō, superāvī, superātum	besiegen, übertreffen	
precēs, precum *f. (Pluralwort)*	die/eine Bitte, das/ein Gebet	
probāre, probō, probāvī, probātum	gutheißen, billigen; prüfen	*dt.* probieren; *sp.* probar

Lektion 18

decem	zehn	*dt.* dezimal; *it.* dieci
mare, maris *n.*	das/ein Meer	*dt.* die Marine; *fr.* mer; *sp.* mar; *it.* mare
errāre, errō, errāvī, errātum	(sich) irren; umherirren	
socius, -ī *m.* **socius, -a, -um**	der/ein Gefährte gemeinsam	*dt.* sozial
5 **pervenīre, perveniō, pervēnī, perventum** (▷ venīre Lekt. 3)	hinkommen, gelangen	
lītus, lītoris *n.*	die/eine Küste, der/ein Strand	
iacēre, iaceō, iacuī	liegen	
misericordia, -ae *f.* (▷ miser Lekt. 3)	(das) Mitleid, (die) Barmherzigkeit	
permovēre, permoveō, permōvī, permōtum (▷ movēre Lekt. 6)	bewegen, erregen	
10 **vestis, vestis** *f.*	das/ein Kleid, das/ein Gewand	*fr.* vêtements
error, errōris *m.* (▷ errāre)	der/ein Irrtum, (das) Umherirren	
moenia, moenium *n. (Pluralwort)*	(die) Stadtmauern, (die) Mauern	
urbs, urbis *f.*	die/eine Stadt, die/eine Hauptstadt	
vīs, *Akk.:* **vim,** *Abl.:* **vī**	die/eine Kraft, (die) Gewalt, die/eine Stärke	
15 **animal, animālis** *n.*	das/ein Lebewesen, das/ein Tier	*engl./fr.* animal
famēs, famis *f.*	(der) Hunger	*fr.* faim
vix *(Adv.)*	kaum, mit Mühe	
cum *(mit Ind.)*	jedes Mal, wenn; dann, wenn; damals, als	

	tempestās, tempestātis *f.*	der/ein Sturm, das/ein Unwetter	
20	**agitāre, agitō, agitāvī, agitātum** (▷ agere Lekt. 12)	antreiben, treiben	
	dēficere, dēficiō, dēfēcī, dēfectum (▷ dē Lekt. 6, facere Lekt. 10)	abfallen; ausgehen; schwinden	*dt.* der Defekt, das Defizit
	imprīmīs *(Adv.)*	besonders	
	mulier, mulieris *f.*	die/eine Frau	*sp.* mujer
	speciēs, speciēī *f.*	(das) Aussehen, das/ein Äußere(s); (die) Schönheit; (der) Schein; die/eine Art	*dt.* die Spezies, speziell
25	**saxum, -ī** *n.*	der/ein Stein, der/ein Fels	
	sedēre, sedeō, sēdī, sessum (▷ cōnsīdere Lekt. 15)	sitzen	
	dulcis, dulcis, dulce, *Gen.:* **dulcis**	süß; lieblich, angenehm	
	perniciēs, perniciēī *f.*	(das) Verderben, (der) Untergang	
	auris, auris *f.*	das/ein Ohr	
30	**explēre, expleō, explēvī, explētum**	ausfüllen, vollenden	
	ubī *(mit Ind.)*	sobald	
	vinculum, -ī *n.* **vincula, -ōrum** *n.*	das/ein Band, die/eine Fessel (die) Fesseln; das/ein Gefängnis	
	fīrmus, -a, -um	stark, fest, sicher	
	ut (prīmum) *(mit Ind.)*	sobald	
35	**solvere, solvō, solvī, solūtum**	lösen, auflösen; bezahlen	
	addūcere, addūcō, addūxī, adductum (▷ dūcere Lekt. 5)	heranführen, zuführen, veranlassen	

Lektion 19

	ōra, -ae *f.*	die/eine Küste	
	summus, -a, -um	höchster, oberster	
	ēripere, ēripiō, ēripuī, ēreptum (▷ rapere Lekt. 14)	reißen, entreißen, rauben	
	invītāre, invītō, invītāvī, invītātum	einladen	*engl.* (to) invite, invitation; *fr.* inviter
5	**incendium, -ī** *n.*	der/ein Brand, das/ein Feuer	
	expellere, expellō, expulī, expulsum	vertreiben, ausstoßen	
	invenīre, inveniō, invēnī, inventum	finden, erfinden	*engl.* (to) invent
	incipere, incipiō, coepī, inceptum (▷ capere Lekt. 11)	anfangen, beginnen	

mūnīre, mūniō, mūnīvī, mūnītum	befestigen, sichern	
profectō *(Adv.)* (▷ facere Lekt. 10)	in der Tat, sicherlich	
invītus, -a, -um	unwillig, gegen den eigenen Willen	
contentus, -a, -um	zufrieden	*fr.* content, -e
vocāre, vocō, vocāvī, vocātum (▷ vōx Lekt. 7)	rufen	
fātum, -ī *n.*	der/ein Götterspruch, das/ein Schicksal	
condere, condō, condidī, conditum	gründen	
portus, portūs *m.*	der/ein Hafen	*fr.* port; *sp.* puerto
deinde *(Adv.)*	dann, darauf	
aedēs, aedis *f.* **aedēs, aedium** *f.* (▷ aedificium Lekt. 7)	das/ein Gotteshaus, der/ein Tempel das/ein (Wohn-)Haus	
rēgius, -a, -um (▷ rēx Lekt. 14)	königlich	
oportet, oportuit	es ist notwendig, man muss	
nāvigāre, nāvigō, nāvigāvī, nāvigātum (▷ nāvis Lekt. 17)	segeln	
addere, addō, addidī, additum (▷ ad Lekt. 5, dare Lekt. 4)	hinzufügen, beifügen	*dt.* addieren; *engl.* (to) add
caelum, -ī *n.*	der/ein Himmel, das/ein Wetter, das/ein Klima	*fr.* ciel; *sp.* cielo
perīre, pereō, periī (▷ īre Lekt. 5)	zugrunde gehen, umkommen	
postrēmum *(Adv.)*	zum letzten Mal	

Lektion 20

auctor, auctōris *m.*	der/ein Gewährsmann, der/ein Förderer, der/ein Urheber	*dt.* der Autor
ferē *(Adv.)*	fast, beinahe	
referre, referō, rettulī, relātum (▷ ferre)	zurückbringen, berichten	*dt.* das Referat, der Referendar; *engl.* (to) refer
auferre, auferō, abstulī, ablātum (▷ ā Lekt. 6, ferre)	wegtragen, wegreißen	
rīpa, -ae *f.*	das/ein Ufer	
expōnere, expōnō, exposuī, expositum	ausstellen, aussetzen	

clāmor, clāmōris *m.* (▷ clāmāre Lekt. 4)	das/ein Geschrei, der/ein Lärm	*dt.* die Reklame
forte *(Adv.)*	zufällig	
ferre, ferō, tulī, lātum	tragen, bringen; ertragen	
parentēs, parentum *m.* (▷ parere Lekt. 15)	(die) Eltern	*engl./fr.* parents
ēducāre, ēducō, ēducāvī, ēducātum (▷ dūcere Lekt. 5)	erziehen	
interficere, interficiō, interfēcī, interfectum (▷ facere Lekt. 10)	töten, umbringen	
vīvus, -a, -um	lebendig, unverbraucht	
cīvitās, cīvitātis *f.* (▷ cīvis Lekt. 16)	die/eine Bürgerschaft, die/eine Stadt	*engl.* city; *sp.* ciudad; *it.* città
nōmen, nōminis *n.*	der/ein Name	*dt.* der Nominativ; *fr.* nom
quia	weil, da	
cōnsulere, cōnsulō, cōnsuluī, cōnsultum *(mit Akk.)* *(mit Dat.)*	um Rat fragen sorgen für	
mūrus, -ī *m.*	die/eine Mauer	
aeger, aegra, aegrum **aegrē ferre**	leidend, schmerzlich mit Mühe/kaum ertragen	
adhūc *(Adv.)* (▷ ad Lekt. 5, hīc Lekt. 3)	bis jetzt	
irrīdēre, irrīdeō, irrīsī, irrīsum (▷ rīdēre Lekt. 1)	verspotten	
commovēre, commoveō, commōvī, commōtum (▷ movēre Lekt. 6)	bewegen, veranlassen	*it.* commuovere

Lektion 21

quod *(bei Verben, die Gefühle ausdrücken)*	dass	
īnsidiae, -ārum *f. (Pluralwort)*	der/ein Hinterhalt, die/eine Falle	
ut *(mit Konj.)*	(so) dass, damit, um … zu	
hospes, hospitis *m.*	der/ein Gast	*dt.* das Hospital; *engl.* hospital
sīgnum, -ī *n.*	das/ein Zeichen	*dt.* das Signal; *engl.* signal
dēferre, dēferō, dētulī, dēlātum (▷ dē Lekt. 6, ferre Lekt. 20)	wegtragen, (hin-)tragen	
nē *(mit Konj.)*	dass nicht, damit nicht	

	cum *(mit Konj.)*	weil; nachdem, als; obwohl	
	violāre, violō, violāvī, violātum	verletzen	
10	**dīligēns, dīligēns, dīligēns,** *Gen.:* **dīligentis**	sorgfältig, gewissenhaft	
	impetus, impetūs *m.* (▷ in Lekt. 5, petere Lekt. 17)	der/ein Angriff	
	cōnsilium, -ī *n.* **cōnsilium capere**	der/ein Entschluss, der/ein Plan; die/eine Beratung einen Entschluss fassen	
	clam *(Adv.)*	heimlich	*dt.* klammheimlich
	accidere, accidō, accidī **accidit, accidit**	sich ereignen, zustoßen es ereignet sich	*engl.* accident *der Unfall*
15	**invādere, invādō, invāsī, invāsum** (▷ in Lekt. 5)	angreifen, überfallen; eindringen	*dt.* die Invasion
	tam *(Adv.)*	so	
	marītus, -ī *m.*	der/ein Ehemann	
	medius, -a, -um	in der Mitte gelegen; mitten	*sp./it.* medio, -a
	inicere, iniciō, iniēcī, iniectum	hinein-, hinwerfen	*dt.* die Injektion
20	**imperāre, imperō, imperāvī, imperātum** (▷ imperātor Lekt. 8)	befehlen	*dt.* der Imperativ
	animus, -ī *m.*	der/ein Geist; das/ein Gemüt	
	pōnere, pōnō, posuī, positum	setzen, stellen, legen	*dt.* die Position
	sīc *(Adv.)*	so	

Lektion 22

	studēre, studeō, studuī *(mit Dat.)*	sich bemühen um; studieren	*engl.* (to) study
	quantus, -a, -um?	wie groß?	*dt.* das Quantum, die Quantität; *fr.* quantité;
	committere, committō, commīsī, commissum **proelium committere**	zusammenführen; beginnen; begehen; anvertrauen eine Schlacht beginnen, kämpfen	*dt.* die Kommission
	īgnōrāre, īgnōrō, īgnōrāvī, īgnōrātum **nōn īgnōrāre** (▷ īgnōtus Lekt. 5)	nicht kennen, nicht wissen genau wissen	*dt.* ignorieren
5	**expūgnāre, expūgnō, expūgnāvī, expūgnātum** (▷ pūgnāre Lekt. 17)	erobern	
	opus, operis *n.* **opus est** *(mit AcI)*	das/ein Werk, das/ein Bauwerk es ist nötig	
	certus, -a, -um **certē** *(Adv.)*	sicher, zuverlässig, bestimmt sicher(lich)	

crēscere, crēscō, crēvī, crētum	wachsen, sich steigern, größer/stärker werden	*it.* crescendo
mandāre, mandō, mandāvī, mandātum	anvertrauen, auftragen, befehlen	*dt.* das Mandat
suscipere, suscipiō, suscēpī, susceptum	auf sich nehmen, übernehmen	
audācia, -ae *f.*	die/eine Kühnheit, (der) Mut, die/eine Frechheit	*it.* audacia
neque/nec **neque … neque / nec … nec**	und nicht, auch nicht weder … noch	
ēgregius, -a, -um	außergewöhnlich	*it.* egregio
habēre, habeō, habuī, habitum	haben, halten	*engl.* (to) have; *fr.* avoir; *it.* avere
ūtilis, ūtilis, ūtile, *Gen.:* **ūtilis**	nützlich	*fr.* utile
nūntius, -ī *m.* (▷ nūntiāre Lekt. 11)	der/ein Bote; die/eine Botschaft, die/eine Meldung, die/eine Nachricht	
certiōrem facere	jmdn. benachrichtigen	
in animō habēre	im Sinne haben, beabsichtigen	

Lektion 23

victor, victōris *m.* (▷ vincere Lekt. 17)	der/ein Sieger	
praemium, -ī *n.*	der/ein Lohn, die/eine Belohnung, der/ein Preis	*dt.* die Prämie
prōpōnere, prōpōnō, prōposuī, prōpositum (▷ prō Lekt. 6, pōnere Lekt. 21)	versprechen, in Aussicht stellen, aufstellen, sich vornehmen	*fr.* proposer
afferre, afferō, attulī, allātum (▷ ad Lekt. 5, ferre Lekt. 20)	(herbei)bringen, mitbringen, zufügen	
ars, artis *f.*	die/eine Kunst, die/eine Kunstfertigkeit, das/ein Handwerk	
argentum, -ī *n.*	(das) Silber	*fr.* l'argent
praeesse, praesum, praefuī *(mit Dat.)* (▷ prae Lekt. 6, esse Lekt. 1)	verwalten, leiten, kommandieren	
falsus, -a, -um	falsch	
nūper *(Adv.)*	neulich	
legere, legō, lēgī, lēctum	lesen, sammeln	*fr.* lire; *sp.* leer; *it.* leggere
impetrāre, impetrō, impetrāvī, impetrātum	erreichen, durchsetzen, zustande bringen	
antīquus, -a, -um	alt, früher	*dt.* antik, die Antiquität

incolere, incolō, incoluī, incultum (⊳ in Lekt. 6, colere Lekt. 8)	bewohnen, wohnen	
orbis, orbis *m.* **orbis terrārum** *m.*	der/ein Kreis, die/eine Scheibe der/ein Erdkreis, die/eine Welt	
aurum, -ī *n.*	(das) Gold	
aes, aeris *n.*	(das) Erz, (das) Kupfer, (die) Bronze	
mīrābilis, mīrābilis, mīrābile, *Gen.:* **mīrābilis** (⊳ mīrus, -a, -um Lekt. 6)	erstaunlich, bewundernswert	
prīmō *(Adv.)*	zuerst, anfangs; zum ersten Mal	
sī	wenn	
rēctus, -a, -um	richtig, gerade	
nisī	wenn nicht	
quodsī	wenn also, wenn aber	
ambō, -ae, -ō	beide	
fortāsse *(Adv.)*	vielleicht	

Lektion 24

utinam (nē) *(mit Konj.)*	wenn doch (nicht)! Hoffentlich (nicht)!	
utrum … an	ob … oder	
barbarus, -ī *m.*	der/ein Ausländer, der/ein Fremder, der/ein Barbar	
ipse, ipsa, ipsum	selbst	
optāre, optō, optāvī, optātum	wünschen	
plērīque, plēraeque, plēraque	die meisten	
opīniō, opīniōnis *f.*	die/eine Meinung, das/ein Gerücht, die/eine Erwartung	
prīmus, -a, -um (⊳ prīmō Lekt. 23)	erster, vorderster; vornehmster	*dt.* prima; *fr.* premier, -ière
ultimus, -a, -um	letzter, äußerster	*dt.* das Ultimatum
excēdere, excēdō, excessī, excessum (⊳ ex Lekt. 6, cēdere Lekt. 17)	herausgehen, verlassen	
laus, laudis *f.* (⊳ laudāre Lekt. 3)	das/ein Lob, (der) Ruhm	
cōnsul, cōnsulis *m.*	der/ein Konsul *(oberster Beamter)*	
legiō, legiōnis *f.*	die/eine Legion *(größte militärische Einheit im römischen Heer)*	
lacus, lacūs *m.*	der/ein See	*fr.* lac

senātus, senātūs *m.* (▷ senātor Lekt. 7)	der/ein Senat, die/eine Senatsversammlung	
populus, -ī *m.*	das/ein Volk, die/eine Menge	*dt.* populär; *engl.* people
quārē	dadurch; wodurch?	
implōrāre, implōrō, implōrāvī, implōrātum	flehentlich bitten, erflehen	
solēre, soleō	gewohnt sein	
vertere, vertō, vertī, versum	drehen, wenden	
ergā *(mit Akk.)*	gegen, gegenüber *(im freundlichen Sinn)*	
cōnservāre, cōnservō, cōnservāvī, cōnservātum	erhalten, bewahren, retten	*dt.* konservieren, konservativ
prius *(Adv.)*	früher, eher	
dēpōnere, dēponō, dēposuī, dēpositum (▷ dē Lekt. 6, pōnere Lekt. 21)	niederlegen, ablegen	
ūsque ad *(mit Akk.)*	bis zu	
metus, metūs *m.*	(die) Furcht, (die) Angst	
vērus, -a, -um	wahr, echt, wirklich	*fr.* vérité
sānctus, -a, -um	heilig	*sp./it.* santo, -a
avāritia, -ae *f.*	(die) Habgier, (der) Geiz	
pūgna, -ae *f.* (▷ pūgnāre Lekt. 17)	der/ein Kampf, die/eine Schlacht	
captīvus, -ī *m.* (▷ capere Lekt. 11)	der/ein Gefangener	
clēmentia, -ae *f.*	(die) Milde	
pretium, -ī *n.*	der/ein Preis	
dimittere, dimittō, dimīsī, dimissum (▷ dē Lekt. 6, mittere Lekt. 11)	wegschicken, entlassen	
alter, altera, alterum	der eine (von beiden), der andere	*dt.* alternativ, die Alternative
ōrāre, ōrō, ōrāvī, ōrātum	bitten	
hūc *(Adv.)*	hierher	
cōnferre, cōnferō, contulī, collātum (▷ cum Lekt. 6, ferre Lekt. 20) **sē cōnferre**	zusammentragen; vergleichen sich begeben	*dt.* die Konferenz

Lektion 25

secundus, -a, -um	zweiter, nächster	
fīnīre, fīniō, fīnīvī, fīnītum (▷ fīnis Lekt. 12)	beenden, begrenzen	
restituere, restituō, restituī, restitūtum	wiederherstellen, wieder aufbauen	
opēs, opum *f. (Pluralwort)*	(die) Hilfsmittel; die/eine Macht, (der) Reichtum, (die) Truppen	
īnferre, īnferō, intulī, illātum (▷ in Lekt. 5, ferre Lekt. 20)	hineintragen; zufügen	
bellum īnferre *(mit Dat.)*	mit jmdm. Krieg anfangen	
dēlēre, dēleō, dēlēvī, dēlētum	zerstören	
ergō *(Adv.)*	also	
subicere, subiciō, subiēcī, subiectum	unterwerfen, unterordnen, preisgeben	
sīn (▷ sī Lekt. 23)	wenn aber	
animum dimittere	den Mut verlieren	
invidia, -ae *f.*	(der) Neid	
contrā *(mit Akk.)*	gegen	*dt.* kontern; *fr.* contre
metuere, metuō, metuī (▷ metus Lekt. 24)	fürchten	
necesse est	es ist nötig, notwendig	*engl.* necessary
tālis, tālis, tāle, *Gen.:* **tālis**	solcher, solche, solches	
potēns, potēns, potēns, *Gen.:* **potentis** (▷ posse Lekt. 4)	mächtig	*dt.* die Potenz
oppūgnāre, oppūgnō, oppūgnāvī, oppūgnātum (▷ pūgnāre Lekt. 17)	angreifen, bestürmen	
cōnsentīre, cōnsentiō, cōnsēnsī, cōnsēnsum	übereinstimmen, zustimmen, sich einig sein	
cupidus, -a, -um *(mit Gen.)* (▷ cupere Lekt. 5)	gierig, begierig (auf)	
superior, superius, *Gen.:* **superiōris**	früher, vorig, höher	
praestāre, praestō, praestitī *(mit Dat.)* *(mit Akk.)* (▷ prae Lekt. 6, stāre Lekt. 1)	jmdm. voranstehen, jmdn. übertreffen; etwas leisten	
industria, -ae *f.*	(der) Fleiß	*dt.* die Industrie, industriell
philosophus, -ī *m.*	der/ein Philosoph, der/ein Gelehrter	
habitāre, habitō, habitāvi, habitātum	wohnen	*fr.* habiter, l'habitant, e

docēre, doceō, docuī, doctum	lehren	
scientia, -ae *f.* (▷ scīre Lekt. 10)	(das) Wissen, die/eine Kenntnis	*engl.* science
cōnsultum, -ī *n.* (▷ cōnsulere Lekt. 20)	der/ein Plan, der/ein Beschluss	
paulō post *(Adv.)*	wenig später	
foedus, foederis *n.*	das/ein Bündnis	
dīripere, dīripiō, dīripuī, dīreptum (▷ rapere Lekt. 14)	(aus)plündern, rauben	
causā *(mit Gen.)*	wegen	

Römische Zeitrechnung

Ein Tag im alten Rom dauerte von Sonnenaufgang bis Sonnenuntergang. Die Zeit dazwischen teilte man in zwölf Stunden. So begann bei Sonnenaufgang die erste Stunde, mittags begann die siebte und bei Sonnenuntergang endete die zwölfte. Dadurch wurden mit den Tagen die Stunden im Winter kürzer (bis 45 Minuten) und im Sommer länger (bis 75 Minuten).

Vergleichende Zeittafel

Überblick über die römische Geschichte		**Zuordnung zu den Lektionen**
Königszeit 753 v. Chr.	Sagenhafte Gründung Roms durch Romulus und Remus	*753 v. Chr. nach dem Mythos: Lekt. 20* *um 750 v. Chr. nach dem Mythos: Lekt. 21*
Römische Republik um 500 v. Chr.	Vertreibung des Königs, Gründung der Republik	*um 500 v. Chr.: Lekt. 22*
von etwa 500 bis 287 v. Chr.	Ständekämpfe: Auseinandersetzung zwischen Patriziern und Plebejern	
von etwa 400 bis 133 v. Chr.	Rom erringt die Vorherrschaft im Mittelmeerraum (s. Karte auf Vorsatz)	
264 – 241 v. Chr.	Erster Punischer Krieg	
247 – 183 v. Chr.	Hannibal	
218 – 202 v. Chr.	Zweiter Punischer Krieg	*um 190 v. Chr.: Lekt. 24*
149 – 146 v. Chr.	Dritter Punischer Krieg	*150 – 146 v. Chr.: Lekt. 25*
146 v. Chr.	Zerstörung Karthagos durch die Römer	
von 133 bis 31 v. Chr.	Innenpolitische Auseinandersetzungen und Bürgerkriege	

Überblick über die römische Geschichte		Zuordnung zu den Lektionen
58–51 v. Chr.	Caesars Truppen erobern Gallien	
49–45 v. Chr.	Bürgerkrieg zwischen Anhängern von Caesar und Pompeius	
46–44 v. Chr.	Herrschaft Caesars	
44 v. Chr.	Ermordung Caesars an den Iden des März (15.3.44 v. Chr.)	
ab 44 v. Chr.	Bürgerkrieg zwischen Caesaranhängern unter Octavian und Caesargegnern	
31 v. Chr.	Entscheidungsschlacht bei Actium: Octavian wird Alleinherrscher	
Römische Kaiserzeit		
27 v. – 14 n. Chr.	Prinzipat des Augustus (Octavian), Erweiterung des römischen Reiches (s. Karte auf Vorsatz)	*um 10 v. Chr.: Lekt. 23*
1. Jh. n. Chr.		
9 n. Chr.	Germanischer Aufstand: Niederlage des Varus gegen Arminius;	
ca. 30 n. Chr.	Wirken und Tod von Jesus Christus, erste christliche Gemeinden;	
	Limes sichert Grenze zu Germanien	
79 n. Chr.	Ausbruch des Vesuv	
2. Jh. n. Chr.		
98–117 n. Chr.	Trajan: größte Ausdehnung des röm. Reiches (s. Karte)	
3. Jh. n. Chr.		
	Gefährdung des römischen Reichs	
um 250 n. Chr.	Erste allgemeine Christenverfolgung	
um 260 n. Chr.	Die Römer geben den obergermanischen Limes auf	
4. Jh. n. Chr.		
311 n. Chr.	Toleranzedikt gestattet Christen Religionsausübung	
375 n. Chr.	Beginn der Völkerwanderung der germanischen Stämme	
380/81 n. Chr.	Kaiser Theodosius: Christentum Staatsreligion	
395 n. Chr.	Aufteilung des römischen Reichs in Ost- und Westrom	
476 n. Chr.	Ende des weströmischen Reichs	

Römische Zahlen

		Grundzahlen	Ordnungszahlen
1	I	ūnus, -a, -um ein/eine/ein	prīmus, -a, -um der/die/das erste
2	II	duo, duae, duo	secundus od. alter
3	III	trēs, trēs, tria	tertius
4	IV	quattuor	quārtus
5	V	quīnque	quīntus
6	VI	sex	sextus
7	VII	septem	septimus
8	VIII	octō	octāvus
9	IX	novem	nōnus
10	X	decem	decimus
11	XI	undecim	undecimus
12	XII	duodecim	duodecimus
13	XIII	trēdecim	tertius decimus
14	XIV	quattuordecim	quārtus decimus
15	XV	quīndecim	quīntus decimus
16	XVI	sēdecim	sextus decimus
17	XVII	septendecim	septimus decimus
18	XVIII	duodēvīgintī	duodēvicēsimus
19	XIX	undēvīgintī	undēvicēsimus
20	XX	vīgintī	vīcēsimus
30	XXX	trīgintā	tricēsimus
40	XL	quadrāgintā	quadrāgēsimus
50	L	quīnquāgintā	quīnquāgēsimus
60	LX	sexāgintā	sexāgēsimus
70	LXX	septuāgintā	septuāgēsimus
80	LXXX	octōgintā	octōgēsimus
90	XC	nōnāgintā	nōnāgēsimus
100	C	centum	centēsimus

Römische Namen

Jeder männliche römische Bürger besaß seit der ausgehenden Republik einen

Vornamen	(praenomen; meistens abgekürzt, z. B. **C.** Iūlius Caesar, **M.** Tullius Cicerō),
Familiennamen	(nomen gentile; z. B. C. **Iūlius** Caesar),
Beinamen	(cognomen; z. B. M. Tullius **Cicerō**).

Mädchen hatten nur den Familiennamen in der weiblichen Form:
Iūlia, **Cornēlia**, **Claudia**.

Bei Sklaven gab man sich keine große Mühe. Sie wurden bei dem Namen gerufen, den ihnen ihr Herr gegeben hatte. Häufige Namen waren **Fēlīx** (der Glückliche) oder einfach **Spartacus**, **Syrus**, **Dēlia**, **Lȳdia** (Bezeichnung nach ihrem Herkunftsland).

Abkürzungen der gebräuchlichsten römischen Vornamen:

A.	Aulus	L.	Lūcius	Ser.	Servius
C.	Gāius	M.	Mārcus	Sex.	Sextus
Cn.	Gnaeus	P.	Pūblius	T.	Titus
D.	Decimus	Q.	Quīntus	Ti.	Tiberius

Achillēs, -is *m.* Achill war dem Mythos nach Sohn des Peleus und der Meeresnymphe Thetis und der tapferste Held der Griechen im Trojanischen Krieg. Durch ein Bad im Fluss der Unterwelt wurde er von seiner Mutter unverwundbar gemacht; lediglich seine Ferse blieb vom Wasser unberührt und war somit die einzige verwundbare Stelle. Daher spricht man auch heute noch von der *Achillesferse*. Wegen seiner zahlreichen Heldentaten wurde er von den Griechen sehr verehrt und besonders auf Vasengemälden oft dargestellt. Nachdem Agamemnon ihm seine Lieblingssklavin geraubt hatte, zog sich Achill voller Zorn aus dem Kampf um Troja zurück. Erst als sein Freund Patroklos von Hektor getötet worden war, kehrte Achill zurück und brachte Hektor im Zweikampf um. Er selbst starb durch einen Pfeil, der vom Gott Apollo gelenkt wurde und ihn an der Ferse traf. Lektion 17, 23

Aenēās, -ae *m.* Aeneas war der Sage nach der Sohn des Trojaners Anchises und der Venus. Er galt als einer der größten Helden der Römer und Stammvater der Stadt Rom. Als einziger Held im Trojamythos überlebte Aeneas die Zerstörung der Stadt und konnte mit seinem Vater und dem Sohn Askanius dem brennenden Troja entkommen. Seine Frau Kreusa verlor er auf der Flucht. Zusammen mit seinen Gefährten machte er sich auf die Suche nach einer neuen Heimat. Nach langen Irrfahrten landete er in Latium. Dort heiratete er Lavinia, die Tochter des Königs. Ihr zu Ehren gründete er die Stadt Lavinium. Lektion 14, 17, 19

Lūcius Aemilius Paullus Macedonicus Lucius Aemilius Paullus Macedonicus (229 – 160 v. Chr.) war ein römischer Feldherr und Politiker. Er besiegte in der Schlacht bei Pydna 168 v. Chr. den makedonischen König Perseus und erhielt daher den Beinamen *Macedonicus*. Lektion 25

Āfrica, -ae *f.* Afrika war eine römische Provinz, die das Gebiet des heutigen Tunesien und Teile Libyens umfasst. Sie wurde 146 v. Chr. nach dem Dritten Punischen Krieg eingerichtet. Lektion 19, 25

Agamemnōn, -onis *m.* Agamemnon war der mythische König von Mykene und Bruder des Menelaos. Nachdem Paris Helena geraubt hatte, führte Agamemnon als Oberbefehlshaber das griechische Heer gegen Troja. Im Trojanischen Krieg erregte er durch den Raub der Lieblingssklavin des Achill dessen Zorn. Nach der Eroberung Trojas kehrte Agamemnon nach Hause zurück und wurde dort von seiner Frau Klytaimnestra und ihrem Geliebten getötet. Lektion 17

Āiāx, -ācis *m.* Ajax war nach Achill der tapferste Held der Griechen vor Troja. Nach dem Tod des Achill unterlag er im Rededuell um dessen Rüstung gegen Odysseus. Darüber war er so wütend, dass er in der Nacht alle Viehherden des Odysseus tötete. Lektion 17

Alba Longa, -ae *f.* Alba Longa war eine Stadt in Latium. Sie galt als Mutterstadt Roms und wurde der Sage nach von Askanius, dem Sohn des Aeneas, gegründet. Lektion 20

Amūlius, -ī *m.* Amulius war in der römischen Mythologie König von Alba Longa. Er entmachtete seinen Bruder Numitor und befahl, dessen Enkel, Romulus und Remus, auszusetzen. Später wurde er jedoch von Romulus und Remus gestürzt. Lektion 20

Anchīsēs, -is *m.* Anchises war in der griechischen Mythologie der König von Dardania. Zeus sorgte dafür, dass Aphrodite sich unsterblich in den schönen König verliebte. Anchises und Aphrodite bekamen einen Sohn: Aeneas. Die Göttin verbot Anchises allerdings, anderen von ihrer Liebe zu berichten. Da der König das Verbot missachtete, traf ihn ein Blitzschlag des Zeus und er wurde gelähmt. Deshalb trug Aeneas ihn auf den Schultern aus dem brennenden Troja. Lektion 19

Aphrodītē, -ēs *f.* Aphrodite (lat.: *Venus*) ist die Göttin der Liebe und der Schönheit. Ihr Vater ist Jupiter. 295 v. Chr. stiftete man ihr einen Tempel am Circus Maximus in Rom. Der französische Wochentag *vendredi* und der italienische Wochentag *venerdì* leiten sich von dem lateinischen *diēs Veneris* ab. Lektion 17,19

Apollō, -inis *m.* Apollo ist der Gott der Heilkunst, der Musik, der Weissagung und der Jugend. Er ist der Sohn des Jupiter und der Leto, seine Zwillingsschwester ist Diana. Apollo wird jugendlich, in einem langen Gewand oder nackt dargestellt. Seine heilige Pflanze ist der Lorbeer. Oft trägt er eine Leier oder Pfeil und Bogen. Die bedeutendste antike Orakelstätte in Delphi war ihm geweiht. Lektion 17, Test Lektion 20–22

Ascanius, -ī *m.* Askanius war der Sage nach der Sohn des trojanischen Helden Aeneas. Sein Vater rettete ihn aus dem brennenden Troja. Nach langer Irrfahrt erreichten sie Italien, wo Askanius das sagenhafte Alba Longa gründete. Die Römer nannten ihn auch Iulus und leiteten von ihm das julische Geschlecht ab, aus dem auch Gaius Iulius Caesar hervorging. Lektion 19

Asia, -ae *f.* Asia war eine römische Provinz. Sie umfasste den westlichen Teil der heutigen Türkei (Kleinasien). Ursprünglich war Asia das Königreich Pergamon, das 133 v. Chr. von König Attalos III. an Rom vererbt wurde. Der Name leitet sich von dem Kontinent Asien ab. Lektion 24

Augīās, -ae *m.* Augias war dem Mythos nach König von Elis. Eine der zwölf Aufgaben des Herkules war die Reinigung der Rinderställe des Augias, die schon seit Jahren nicht mehr ausgemistet worden waren. Der König stellte die Bedingung, dass dies innerhalb eines Tages geschehen müsse. Herkules leitete zwei Flüsse in die Ställe und spülte so den Mist weg. Später wurde Augias von Herkules getötet. Lektion 16

Bithynia, -ae *f.* Bithynien. Landschaft im Nordwesten Kleinasiens an der Südküste des Schwarzen Meeres, seit 74 v. Chr. römische Provinz; heute Region im Nordwesten der Türkei. Test Lektion 23 – 25

Brūtus, -ī m. Brutus war der Überlieferung nach ein Sohn Tarquinias, der Schwester des Königs Tarquinius Superbus. Weil Tarquinius aus Angst, die Macht zu verlieren, Familienmitglieder und andere adelige Römer ermorden ließ, gab Brutus vor, nicht recht bei Verstand zu sein. Deshalb nannte man ihn *Brūtus* (Dummkopf). Brutus begleitete seine Vettern zum Apollo-Orakel nach Delphi. Anschließend soll er an der Vertreibung des Königs Tarquinius Superbus beteiligt gewesen sein und als *praetor maximus* das neue Staatswesen Roms regiert haben. Lektion 12, Test Lektion 20–22

Cannae, -arum *f.* In der Schlacht bei Cannae in Süditalien besiegte Hannibal 216 v. Chr. die zahlenmäßig überlegenen Römer. Wegen der großen Verluste wurde der Tag der Niederlage von den Römern zum *diēs āter* (schwarzen Tag) erklärt. Lektion 24

Carthāginiēnsēs, -um *m.* die Karthager, Einwohner Karthagos. Lektion 24, 25

Carthāgō, -inis *m.* Karthago war eine große Stadt an der Mittelmeerküste in Nordafrika in der Nähe des heutigen Tunis. Ab dem 6. Jh. v. Chr. entwickelte es sich zur bedeutendsten See- und Handelsmacht des westlichen Mittelmeerraumes. Ab dem 3. Jh. v. Chr. kämpfte Rom gegen Karthago in den drei Punischen Kriegen um die Vorherrschaft im westlichen Mittelmeerraum. Karthago wurde im Dritten Punischen Krieg (149–146 v. Chr.) völlig zerstört und zur römischen Provinz Africa gemacht. Lektion 19, 23, 24, 25

Cerēs, Cereris *f.* Ceres ist die römische Getreide- und Fruchtbarkeitsgöttin. Jedes Jahr am 19. April wurde sie beim Fest der Cerealia verehrt und um eine gute Ernte gebeten. Die Römer setzten sie mit der griechischen Göttin Demeter gleich, als deren Kult in Rom übernommen wurde. Lektion 14

Circa, -ae *f.* Kirke war in der griechischen Mythologie eine Zauberin und Tochter des Sonnengottes Helios. Als Odysseus während seiner Irrfahrt auf ihrer Insel landete, verwandelte sie seine Gefährten in Schweine. Er zwang sie, dies rückgängig zu machen und blieb ein Jahr auf ihrer Insel. Sie wies Odysseus den Weg in die Unterwelt und verriet ihm, wie er unversehrt den Gesang der Sirenen anhören könnte. Von ihr leitet sich das Wort *bezirzen* (bezaubern) ab. Lektion 18

Corsica, -ae *f.* Korsika ist die viertgrößte Insel im Mittelmeer und liegt nördlich von Sardinien. Im 6. Jh. v. Chr. stand Korsika unter der Herrschaft der Karthager, bevor es 259 v. Chr. von dem römischen Feldherren Scipio erobert wurde. Zusammen mit Sardinien war es seit 238 v. Chr. römische Provinz. Lektion 24

Crēta, -ae *f.* Kreta ist die größte der griechischen Inseln. In der Bronzezeit bildete sich hier die früheste Hochkultur Europas, die minoische Kultur, heraus. Der britische Ar-

chäologe Arthur Evans benannte sie nach dem sagenhaften kretischen König Minos, als er zu Beginn des 19. Jh.s den Palast von Knossos bei Iraklion freilegte. Kreta war von ca. 2000–1450 v. Chr. eine große See- und Handelsmacht.
Im 1. Jh. v. Chr. galt die Insel als Zufluchtsort für Piraten und wurde deshalb von den Römern angegriffen. 67 v. Chr. wurde Kreta zur römischen Provinz. Lektion 15
Creūsa, -ae *f.* Kreusa war der Sage nach die Tochter des trojanischen Königs Priamos und der Hekabe. Sie heiratete Aeneas und wurde Mutter des Askanius. Aeneas verlor sie bei der Flucht aus dem brennenden Troja. Lektion 19
Dīdō, -ōnis *f.* Dido war die mythische Königin von Karthago. Nachdem ihr Ehemann ermordet worden war, floh sie von Tyros nach Afrika. Dort wurde ihr so viel Land versprochen, wie sie mit einer Stierhaut umfassen konnte. Dido schnitt die Haut in feine Streifen und konnte so ein großes Stück Land abstecken, über das sie dann herrschte. Als Aeneas während seiner Irrfahrt in Karthago landete, verliebten sie sich. Doch weil Aeneas sie verlassen musste, tötete sich Dido mit einem Schwert. Lektion 19
Diomēdēs, -is *m.* Diomedes war der Sage nach ein griechischer Held und König von Argos. Er befand sich im Trojanischen Pferd und kämpfte an der Seite von Odysseus im Trojanischen Krieg. Lektion 17
Eurōpa, -ae *f.* Europa war der Sage nach die Tochter des phönikischen Königs Agenor und der Telephassa. Jupiter verliebte sich in sie und entführte sie in Gestalt eines Stiers über das Meer nach Kreta. Dort gebar sie ihm drei Kinder. Später wurde der Erdteil deshalb nach ihr benannt. Lektion 15
Eurystheus, -eī *m.* Eurystheus war der Sage nach König von Mykene. Jupiter hatte vor seiner Geburt verkündet, dass der erstgeborene Enkel des Perseus über Mykene herrschen solle. Weil die eifersüchtige Juno nicht wollte, dass Herkules zum Thronfolger wird, veranlasste sie, dass Eurystheus vor Herkules zur Welt kam. Wegen eines Orakelspruchs musste Herkules zwölf Aufgaben im Dienst des Eurystheus ausführen. Lektion 16
Faustulus, -ī *m.* Faustulus ist in der römischen Sage ein Hirte und Ziehvater von Romulus und Remus. Er fand die am Tiber ausgesetzten Zwillingsbrüder. Er und seine Frau zogen sie auf. Lektion 20
Gabiī, -ōrum *m.* Gabii war eine Stadt in Latium zwischen Rom und Praeneste. Der Sage nach wurde sie von Alba Longa aus gegründet. Außerdem sollen Romulus und Remus hier erzogen worden sein. Während der Herrschaft des Tarquinius Superbus befand sich Gabii im Krieg mit der Stadt Rom. Angeblich hat sie diesen Krieg wegen einer List des Sextus im Jahre 493 v. Chr. verloren. Lektion 22
Gabīnī, -ōrum *m.* Bewohner von Gabii. Lektion 22
Gādēs, -ium *f.* Gades ist eine Stadt in Hispania, die heute den Namen Cádiz trägt. Sie wurde um 1100 v. Chr. von den Phöniziern gegründet und entwickelte sich zu einem blühenden Handelszentrum. Lektion 23
Hannibal, -is *m.* Hannibal (247 – 183 v. Chr.) war ein karthagischer Feldherr. Er erhielt 221 v. Chr. den Oberbefehl in Spanien und eroberte die Stadt Sagunt. Daraufhin erklärten ihm die Römer den Krieg. Doch Hannibal zog mit Soldaten und Kriegselefanten über die Alpen und bedrohte die römische Herrschaft in Italien. Bei Cannae (216 v. Chr.) und in mehreren anderen Schlachten besiegte sein Heer römische Legionen. Doch das römische Bündnissystem hielt der Bedrohung stand. Schließlich wurde Hannibal 203 v. Chr. nach Afrika zurückberufen. Ein Jahr später unterlag das punische Heer römischen Truppen bei Zama. Den Römern blieb Hannibal verhasst. Er nahm sich schließlich auf der Flucht in Bithynien das Leben, als seine Auslieferung an die Römer drohte. Lektion 24, 25
Hector, -oris *m.* Hektor war nach dem Mythos der älteste Sohn des Königs Priamos und seiner Frau Hekabe. Im Trojanischen Krieg war er der tapferste Held auf Seiten der Trojaner. Ihm gelang es, die Griechen bis zu ihren Schiffen zurückzudrängen. Im Zweikampf tötete er Patroklos und fiel später durch die Hand des Achill, der seinen Freund rächen wollte. Lektion 17

Helena, -ae *f.* Helena galt nach der Sage als die schönste und begehrteste Frau der Griechen. Zeus verführte in Gestalt eines Schwans ihre Mutter Leda, sodass Helena aus einem Ei geboren wurde. Viele Männer umwarben sie, mussten jedoch schwören, ihre Wahl anzuerkennen und sich nicht gegen den Auserwählten zu verbünden. So heiratete Helena Menelaos und brachte Hermione zur Welt. Im Streit der drei Göttinnen Aphrodite, Hera und Athene wurde sie von Aphrodite dem Paris versprochen. Dieser entführte sie aus Sparta und löste damit den Trojanischen Krieg aus. Sie wurde von den Griechen wie eine Göttin verehrt; viele Maler und Dichter stellten sie in Kunstwerken dar. Lektion 17

Herculēs, -is *m.* Herkules (griech.: *Herakles*) ist für seine Stärke berühmt und der beliebteste Held der Griechen. Der Sage nach war er der Sohn Jupiters und der sterblichen Alkmene. Die eifersüchtige Ehefrau Jupiters, Juno, verfolgte den verhassten Herkules und stellte ihn vor zwölf schwierige, unmenschliche Aufgaben:

1. Er musste das Fell des nemeischen Löwen beschaffen, der als unverwundbar galt.
2. Herkules tötete die Hydra, eine Schlange mit neun Köpfen.
3. Er fing die schnelle Hirschkuh Kerynitis.
4. Er fing den Erymanthischen Eber.
5. Herkules reinigte die Ställe des Augias.
6. Herkules erlegte die Stymphaliden, einen Schwarm großer menschenfressender Raubvögel.
7. Er bändigte den wilden Stier von Kreta.
8. Herkules zähmte die menschenfressenden Pferde des Diomedes.
9. Er brachte der Tochter des Eurystheus den kostbaren Gürtel der Amazone Hippolyta.
10. Er raubte die Rinderherde des Riesen Geryoneus.
11. Er pflückte mit Hilfe des Atlas die Äpfel der Hesperiden.
12. Herkules bezwang den Höllenhund Kerberos und führte ihn hinauf in die Oberwelt.

Da er diese gefährlichen Arbeiten erfolgreich ausgeführt hatte, verehrten ihn die Griechen und Römer für sein tugendhaftes Verhalten und seine außergewöhnliche Stärke. Lektion 16

Hispānia, -ae *f.* nannten die Römer die Pyrenäenhalbinsel, also das Gebiet des heutigen Portugal und Spanien. Im Zweiten Punischen Krieg (218 – 201 v. Chr.) vertrieben die Römer die Karthager aus Hispanien und richteten Provinzen auf der Iberischen Halbinsel ein. Lektion 23

Homērus, -i *m.* Homer galt in der Antike als der Dichter der beiden griechischen Epen *Ilias* und *Odyssee*. Er ist der erste namentlich bekannte Dichter des Abendlandes und hat etwa um 750 v. Chr. gelebt. Über seine Herkunft war schon in der Antike nichts Sicheres bekannt. Der Sage nach soll er blind gewesen sein. Homer ist seit 3000 Jahren ein großes Vorbild in der Literatur. Lektion 18, 23

Ilias, Iliados *f.* Die *Ilias* ist ein Epos des griechischen Dichters Homer. Sie schildert einen Teil des Trojanischen Krieges. Die *Ilias* ist das älteste erhaltene literarische Werk Europas. Lektion 18, 23

Ithaca, -ae *f.* Ithaka ist eine Insel vor der Westküste Griechenlands. Der Sage nach war sie die Heimat des Odysseus. Lektion 18

Iūnō, Iūnōnis *f.* Juno (griech.: *Hera*) ist die Schwester und Frau des Jupiter und damit die höchste Göttin. Sie war wegen der zahlreichen Liebesabenteuer ihres Mannes sehr eifersüchtig. Juno wurde vor allem von verheirateten Frauen verehrt und um Hilfe bei Geburten gebeten. In Rom hatte Juno zusammen mit Jupiter und Minerva eine wichtige Rolle als Staatsgöttin. Man erkennt sie daran, dass sie ein Zepter, Kopfschmuck und eine Opferschale trägt. Das Begleittier der Juno ist der Pfau. Lektion 24

Iūppiter, Iovis *m.* Jupiter (griech.: *Zeus*) ist der Sohn des Saturnus und der Bruder und Mann der Juno. Er ist der höchste römische Gott. Seine Ehefrau war oft wütend auf ihn, weil er zahlreiche Liebschaften hatte. Man erkennt Zeus an seinem Blitzbündel. Häufig wird er auch mit seinem Begleittier, dem Adler, dargestellt. Lektion 14, 15, 19

lacus, -ūs Trasumēnus, -ī *m.* Der Trasimenische See liegt im Osten Etruriens, in der heutigen Region Umbrien. Bekannt ist er durch Hannibals Sieg über die Römer im Jahre 217 v. Chr. Lektion 24
Latium, -ī *n.* Latium ist eine Landschaft im Westen Mittelitaliens mit Rom als wichtigster Stadt. Das Gebiet wurde zum Mittelpunkt des Römischen Reiches. Im heutigen Italien heißt die Region, in der Rom liegt, *Lazio*. Lektion 20
Machāōn, -onis *m.* Machaon war einer der Ärzte der Griechen, die am Trojanischen Krieg als Heilkundige, aber auch als tapfere Mitkämpfer teilnahmen. Lektion 17
Menelāos, -i *m.* Menelaos war nach der Sage der Bruder des Agamemnon, Ehemann der Helena und König von Sparta. Nachdem Helena von Paris entführt worden war, zog er mit einem großen Heer nach Troja, um seine Frau zurückzuholen. Er stieg zusammen mit anderen Griechen in das Trojanische Pferd und tötete Deiphobos, der nach Paris' Tod Helenas Ehemann war. Sieben Jahre später kehrte er nach Sparta zurück. Lektion 17
Mercurius, -ī *m.* Merkur (griech.: *Hermes*) war in der griechischen Mythologie ein Sohn des Jupiter und vor allem bekannt als der Götterbote. Außerdem war er der Gott der Kaufleute und Diebe. Sein Name leitet sich von *merx (Ware)* ab. In bildlichen Darstellungen trägt er Flügelschuhe, einen Flügelhut und den Heroldsstab. Lektion 17, 19
Mīnōs, -ōis *m.* Minos war nach dem Mythos der Sohn des Jupiter und der Europa. Er war König von Kreta. Er soll ein gerechter König und bedeutender Gesetzgeber gewesen sein. Der Sage nach genoss Minos hohes Ansehen bei den Bewohnern, die sich ihm sogar freiwillig unterwarfen. Nach seinem Tod wurde er mit seinem Bruder Rhadamantys Richter der Seelen im Hades, der Unterwelt. Lektion 15
Nausicaa, -ae *f.* Nausikaa war in der griechischen Mythologie die Tochter des phäakischen Königs Alkinoos. Eines Tages fand sie den schiffbrüchigen Odysseus am Strand und brachte ihn zu ihrem Vater. Lektion 18
Nestor, -oris *m.* Nestor war der älteste der griechischen Helden im Trojanischen Krieg. Er stand vor allem Agamemnon als weiser und erfahrener Berater zur Seite. Bis heute wird mit dem Beinamen *Nestor* der älteste und erfahrenste Gelehrte eines Fachs bezeichnet. Lektion 17
Numitor, -ōris *m.* Numitor ist der Sage nach König von Alba Longa und Vater der Rea Silvia. Er wurde von seinem Bruder Amulius vom Thron gestürzt und später von Romulus und Remus, seinen Enkeln, wieder zum König ernannt. Lektion 20
Oenōnē, -ēs *f.* Dem Mythos nach war Oenone eine Nymphe, die in Phrygien auf einem Berg mit Namen Ida lebte. Als Kind wurde Paris von seinen Eltern auf dem gleichen Berg ausgesetzt und wuchs dort auf. Zufällig trafen sich Oenone und Paris, verliebten sich ineinander und bekamen einen Sohn, Korythos. Nachdem sie einige Zeit zusammen gelebt hatten, verließ Paris Oenone und ihr gemeinsames Kind, da Aphrodite ihm die schönste Frau der Antike, Helena, zur Frau versprochen hatte. Lektion 18
Olympus, -ī *m.* (griech.: *Olympos*) Der Olymp ist das höchste Gebirge Griechenlands und befindet sich an der griechischen Ostküste zwischen Makedonien und Thessalien. In der Mythologie gilt er als Wohnstätte der Götter, wo sich der Palast des Zeus, aber auch die Wohnungen der anderen Götter befanden. Lektion 14, 16, 17
Paris, -idis *m.* Paris war nach dem Mythos der Sohn des trojanischen Königs Priamos und der Hekabe. Er wurde von seinen Eltern wegen einer schrecklichen Prophezeiung ausgesetzt und wuchs als Hirte auf dem Berg Ida auf. Dort kam es auch zu dem berühmten Parisurteil: Die Göttinnen Hera, Aphrodite und Athene stritten, wer von ihnen die Schönste sei. Paris entschied zu Gunsten der Aphrodite, die ihm die schöne Helena als Belohnung versprochen hatte. Er entführte Helena aus Sparta und brachte sie nach Troja. Das veranlasste die griechischen Fürsten, den Kriegszug gegen Troja zu unternehmen. Paris selbst starb durch einen vergifteten Pfeil im Kampf vor Troja. Lektion 17
Patroclus, -ī *m.* Patroklos war der Sage nach im Trojanischen Krieg der Gefährte des Achill, mit dem er gemeinsam auf Seiten der Griechen gegen die Trojaner kämpfte. Nach-

dem sich Achill zornig vom Kampf zurückgezogen hatte, gelang es Patroklos in der Rüstung des Freundes, die Trojaner zurückzudrängen. Später aber wurde er von Hektor im Zweikampf getötet und von Achill gerächt. Lektion 17

Pēnelopē, -ēs *f.* Penelope war in der Mythologie die Frau des Odysseus. Die beiden hatten kaum ein Jahr zusammengelebt, als Odysseus in den Krieg ziehen musste und Penelope allein zurückblieb. Während dieser Zeit wurde sie von vielen Männern umworben, die sie aber alle abwies. Sie gab nämlich vor, sie müsse ein Tuch für den Vater des Odysseus weben; in der Nacht aber trennte sie die Fäden wieder auf und begann von vorn. Penelope galt in der Antike als vorbildliche und treue Ehefrau. Lektion 18

Phaeāces, -um *m.* Die Phäaken waren ein mythisches Seefahrervolk, das ein glückliches und sorgloses Leben führte. Ihre Schiffe konnten ohne Steuermann über das Meer fahren. Lektion 18

Phoenīcē, -ēs *f.* Phönizien, was in etwa *Purpurland* bedeutet, war ein schmaler Küstenstreifen am Mittelmeer auf dem Gebiet der heutigen Länder Libanon und Syrien. Die Phönizier waren berühmt für ihr Kunstgewerbe und die Seefahrt. Außerdem war das phönizische Alphabet das erste Buchstabenalphabet des Mittelmeerraums und bildete die Grundlage der griechischen und arabischen Schrift. Die lateinische Schrift ist von der griechischen abgeleitet und geht also ebenfalls auf die phönizische zurück. Ab 64 v. Chr. stand Phönizien unter römischer Herrschaft. Lektion 15, 23

Phoenīces, -um *m.* die Phönizier, Punier. Lektion 23

Plūtō, -ōnis *m.* Pluto (griech.: *Hades*) ist der Gott der Unterwelt. Er ist Sohn des Kronos und der Rea und Bruder des Jupiter. Um nicht allein in der Unterwelt zu herrschen, entführte er Proserpina in sein Reich und machte sie zu seiner Ehefrau. Lektion 14

Poenī, -ōrum *m.* Als Punier werden vor allem die Einwohner Karthagos, aber auch die Bewohner der anderen Städte des Karthagerreiches bezeichnet. Lektion 23, 24

Priamus, -ī *m.* Priamos ist der Sage nach der sechste und letzte König von Troja. Er soll mit seiner Ehefrau Hekabe und vielen Nebenfrauen zahlreiche Kinder gehabt haben, darunter Paris und Hektor. Während des Trojanischen Krieges ging er in das Lager der Griechen und bat Achill um den Leichnam seines Sohnes Hektor. Er wurde bei der Eroberung Trojas durch die Griechen von Neoptolemos getötet. Lektion 17

Prōserpina, -ae *f.* Proserpina (griech.: *Persephone*) ist die römische Toten-, Unterwelts- und Fruchtbarkeitsgöttin. Ihr Vater ist Jupiter, ihre Mutter Ceres. Pluto entführte sie in die Unterwelt und machte sie zu seiner Ehefrau. Ihre Mutter war darüber sehr traurig und so veranlasste Jupiter, dass Proserpina nur eine Hälfte des Jahres in der Unterwelt verbrachte, die andere jedoch bei Ceres war. Lektion 14

Prūsiās, -ae m. Prusias I. (ca. 230 – 182 v. Chr.) war König von Bithynien, einer Gegend im Nordwesten der heutigen Türkei. Prusias gewährte Hannibal in seinem Königreich Asyl, als dieser vor den Römern fliehen musste. In den Jahren 188 bis 183 v. Chr. befehligte Hannibal für Prusias die bithynische Flotte im Krieg Bithyniens gegen das pergamenische Reich. Später verriet Prusias jedoch Hannibals Aufenthalt an die Römer. Um seiner Auslieferung zu entgehen, nahm Hannibal Gift. Test Lektion 23 – 25

Pūblius Cornēlius Scīpīo Aemiliānus Āfricānus Publius Cornelius Scipio Aemilianus Africanus (185 – 129 v. Chr.) war der Sohn des Lucius Aemilius Paullus Macedonicus. Zur Unterscheidung von seinem Vater wird er Scipio der Jüngere bzw. *Scīpīo minor* genannt. 147 v. Chr. wurde er Konsul und erhielt den Oberbefehl zur Eroberung Karthagos. Auf Befehl des Senats zerstörte er die Stadt bis auf ihre Grundmauern. Er erhielt den Beinamen *Āfricānus minor*. Aber Scipio der Jüngere war auch ein sehr gebildeter Mann, der zusammen mit seinen Freunden Kunst und Literatur förderte. Lektion 25

Pūblius Cornēlius Scīpīo Āfricānus Publius Cornelius Scipio Africanus (235–183 v. Chr.), auch *Scīpīo māior* bzw. Scipio der Ältere, war römischer Feldherr und Politiker.

Unter seiner Führung besiegten die Römer 202 v. Chr. das karthagische Heer unter Hannibal und gewannen den Zweiten Punischen Krieg. Deshalb trägt Scipio den Beinamen *Āfricānus*. Lektion 24

Pȳthia, -ae *f.* Pythia war der Titel der Priesterinnen, die im Orakel von Delphi den Ratsuchenden Auskunft gaben. Sie wurden wahrscheinlich durch Dämpfe aus einer Erdspalte in Trance versetzt. Man glaubte, dass der Gott Apollo persönlich aus den Pythien sprach. Die rätselhaften Sprüche mussten jedoch noch gedeutet werden. Lektion 20

Rēa Silvia, -ae *f.* Rea Silvia war der Sage nach die Tochter des Königs Numitor. Ihr Onkel Amulius beraubte Numitor der Herrschaft und machte Rea Silvia zu einer Vestalin, damit sie keine Kinder bekommen konnte. Der Kriegsgott Mars zeugte jedoch mit ihr die Zwillinge Romulus und Remus. Als Amulius dies erfuhr, soll er sie in den Tiber geworfen haben. Später wurde Rea Silvia die Ehefrau des Flussgottes. Lektion 20

Remus, -ī *m.* Remus ist in der römischen Sage der Zwillingsbruder des Romulus und Mitbegründer der Stadt Rom. Er wurde von seinem Bruder im Streit erschlagen. Lektion 14, 20

Rōmulus, -ī *m.* Romulus ist der Sage nach der erste König von Rom. Die Stadt soll er 753 v. Chr. zusammen mit seinem Zwillingsbruder Remus gegründet haben. Er ist der Sohn des Mars und der Rea Silvia. Amulius ließ Romulus und seinen Bruder Remus aussetzen. Später wurden sie zuerst von einer Wölfin, dann von dem Hirten Faustulus aufgezogen. Die Zwillingsbrüder erschlugen Amulius aus Rache und erhielten von Numitor zum Dank die Erlaubnis, an der Stelle, an der sie ausgesetzt worden waren, eine Stadt zu gründen. Sie stritten sich jedoch, wer dieser Stadt einen Namen geben dürfe, und veranstalteten eine Vogelschau, das sogenannte *augurium*. Remus wählte den Aventin, Romulus den Palatin als Ort der Beobachtung. Remus erschienen sechs, Romulus später aber zwölf Geier. Die beiden Brüder gerieten darüber in heftigen Streit und Romulus erschlug Remus schließlich. Lektion 14, 20

Sabīnī, -ōrum *m.* Die Sabiner waren ein antiker Volksstamm in Mittelitalien, der hauptsächlich von der Viehzucht lebte. Bekannt sind die Sabiner vor allem durch den sagenhaften Raub der Sabinerinnen: Da in der neuen Stadt Rom Frauenmangel herrschte, lud Romulus die Sabiner zu Festspielen ein. Die Römer entführten die Sabinerinnen und infolgedessen kam es später zu einer Schlacht. Die Frauen stellten sich jedoch zwischen die kämpfenden Heere und baten um Frieden. Ihre Bitte hatte Erfolg und die Sabiner siedelten daraufhin nach Rom über. Lektion 21, 22

Sardinia, -ae *f.* Sardinien ist nach Sizilien die größte Insel im Mittelmeer. Nach dem Ersten Punischen Krieg wurde sie 238 v. Chr. römische Provinz. Lektion 24

Sextus, -ī *m.* Sextus Tarquinius war der dritte Sohn des letzten römischen Königs Tarquinius Superbus. Er vergewaltigte die römische Adlige Lucretia. Als diese daraufhin Selbstmord beging, brach ein Aufstand aus und der König wurde vertrieben. Lektion 22

Sibylla, -ae *f.* Eine Sibylle war eine Prophetin, die ohne vorherige Aufforderung die Zukunft voraussagte. Die Sibyllen stammten vermutlich aus dem Vorderen Orient. Ihre Vorhersagen waren meist unheilvoll und rätselhaft. Die bekannteste Seherin war die Sibylle von Cumae. Nach der Darstellung des Dichters Vergil führte sie Aeneas in die Unterwelt. Viele der Weissagungen wurden in den sogenannten Sibyllinischen Büchern gesammelt und von den Römern in Krisenzeiten zu Rate gezogen. Lektion 19

Sicilia, -ae *f.* Sizilien ist die größte Mittelmeerinsel. Wegen ihrer zentralen Lage hatte die Insel eine große Bedeutung für Handel und Seefahrt. Ab dem 8. Jh. v. Chr. siedelten Griechen, Karthager und Punier auf Sizilien. Die Insel war besonders von der griechischen Kultur geprägt. Noch heute zeigen die antiken Tempel und Theater die große Bedeutung Siziliens. Nach dem Ersten Punischen Krieg wurde Sizilien 227 v. Chr. römische Provinz und Kornkammer des *imperium Rōmānum*. Lektion 14, 24

Sīdōn, Sīdōnis *f.* Sidon ist eine Stadt im Libanon, nördlich von Tyros. In der Antike war Sidon eine der wichtigsten Städte der Phönizier. Lektion 23

L. Iūnius Sīlānus Lucius Iunius Silanus ist ein römischer Name. In Lektion 24 ist L. Iunius Silanus ein römischer Kaufmann, der sich einige Zeit lang in Karthago aufhält.
Sīrēnēs, -um *f.* Die Sirenen waren der Sage nach weibliche Fabelwesen mit dem Körper eines Vogels und dem Kopf eines Menschen. Sie saßen über gefährlichen Klippen und lockten mit ihrem bezaubernden Gesang die Seeleute an, deren Schiffe schließlich dort zerschellten. Odysseus erhielt von Kirke den Rat, seinen Gefährten die Ohren mit Wachs zu verstopfen, um so dem Gesang der Sirenen zu entkommen. Lektion 18
Sparta, -ae *f.* Sparta war in der Antike der Hauptort der Landschaft Lakonien im Süden der Peloponnes. Lektion 17
Syria, -ae *f.* Syrien ist ein Land in Vorderasien. Benannt ist es nach der römischen Provinz Syria, die allerdings größer war als das Gebiet des heutigen Syrien. 333 v. Chr. wurde es von Alexander dem Großen erobert. Seit 64 v. Chr. war es Teil des römischen Reiches und neben Ägypten eine der reichsten Provinzen. Lektion 15
Tarquinius Superbus, -ī *m.* Tarquinius Superbus (lat.: *superbus,-a,-um – hochmütig, arrogant*) war der siebte und letzte König von Rom. Er errichtete eine Gewaltherrschaft und erweiterte das Gebiet des römischen Staates. Ca. 500 v. Chr. wurde er von seinem Neffen Brutus gestürzt und aus Rom verbannt. Mit seiner Vertreibung ging die Königszeit in Rom zu Ende. Lektion 22
Tiberis, -is *m.* Der Tiber (ital.: *Tevere*) ist der bedeutendste Fluss in Mittelitalien. Er entspringt im Apennin, fließt durch Rom und mündet bei der Stadt Ostia ins Mittelmeer. Lektion 20
Trōia, -ae *f.* Troja ist eine mythische Stadt in Kleinasien. Der Archäologe Heinrich Schliemann fand ab 1869 bei Hisarlık, im Nordwesten der heutigen Türkei, eine vorgeschichtliche Siedlung und war überzeugt, es handle sich um das antike Troja. Die Grabungsarbeiten begannen. Schliemann und andere Forscher fanden heraus, dass Troja nach einigen Erdbeben und Kriegen immer wieder neu aufgebaut worden war. Eine Siedlungsschicht überlagert die nächste. Bekannt ist Troja vor allem als Schauplatz des sagenhaften Trojanischen Krieges. Einige Tage dieses Krieges stellt der Dichter Homer in seiner *Ilias* dar. Die Stadt soll nach zehn Jahre langen, erbitterten Kämpfen durch eine List erobert und zerstört worden sein. Lektion 17, 18, 19, 23
Tyrus, -ī *f.* Tyros ist eine Stadt im Libanon an der Küste des Mittelmeeres. Ab dem 12. Jh. v. Chr. entwickelte sich Tyros neben Sidon zu einer bedeutenden Handelsmetropole Phöniziens und gründete zahlreiche Kolonien. Die bedeutendste Gründung war Karthago. In der römischen Kaiserzeit war Tyros Hauptstadt der Provinz Syrien. Lektion 23
Ulixēs, -is *m.* Ulixes (griech.: *Odysseus*) war der mythische König der Insel Ithaka. Er ist einer der Helden des Trojanischen Krieges und vor allem für seine List bekannt. Der Bau des trojanischen Pferdes war seine Idee. Seine Heimreise nach Ende des Krieges wurde zu einer zehnjährigen Irrfahrt, auf der Odysseus zahlreiche gefährliche Abenteuer durchlebte. Diese Irrfahrt wird in der Dichtung *Odyssee* des Dichters Homer geschildert. Lektion 17, 18, 23
Zama, -ae *f.* Zama ist eine Stadt südwestlich von Karthago. 202 v. Chr. besiegten die Römer unter Scipio den karthagischen Feldherr Hannibal in der Schlacht bei Zama und entschieden so den Zweiten Punischen Krieg für sich. Lektion 24

Alphabetisches Vokabelverzeichnis

ā/ab *(mit Abl.)*	von	Lektion 6
abesse, absum, āfuī	abwesend sein, fehlen	Lektion 5
accidere, accidō, accidī **accidit, accidit**	sich ereignen, zustoßen es ereignet sich	Lektion 21
accipere, accipiō, accēpī, acceptum	annehmen, bekommen, empfangen	Lektion 11
aciēs, aciēī *f.*	die/eine Schlachtreihe	Lektion 17
ad *(mit Akk.)*	zu, nach; bei	Lektion 5
addere, addō, addidī, additum	hinzufügen, beifügen	Lektion 19
addūcere, addūcō, addūxī, adductum	heranführen, zuführen, veranlassen	Lektion 18
adesse, adsum, affuī *(mit Dat.)*	da sein; helfen	Lektion 2
adhūc *(Adv.)*	bis jetzt	Lektion 20
adīre, adeō, adiī, aditum	herangehen, hingehen	Lektion 15
adiuvāre, adiuvō, adiūvī, adiūtum *(mit Akk.)*	unterstützen, (jmdm.) helfen	Lektion 14
aedēs, aedis *f.* **aedēs, aedium** *f.*	das/ein Gotteshaus, der/ein Tempel das/ein (Wohn-)Haus	Lektion 19
aedificāre, aedificō, aedificāvī, aedificātum	bauen, erbauen	Lektion 8
aedificium, -ī *n.*	das/ein Gebäude	Lektion 7
aeger, aegra, aegrum **aegrē ferre**	leidend, schmerzlich mit Mühe/kaum ertragen	Lektion 20
aegrōtus, -a, -um	krank	Lektion 7
aes, aeris *n.*	(das) Erz, (das) Kupfer, (die) Bronze	Lektion 23
afferre, afferō, attulī, allātum	(herbei)bringen, mitbringen, zufügen	Lektion 23
ager, agrī *m.*	der/ein Acker, das/ein Feld, das/ein Gebiet	Lektion 14
agere, agō, ēgī, āctum	treiben; tun	Lektion 12
agitāre, agitō, agitāvī, agitātum	antreiben, treiben	Lektion 18
aliī ... aliī	die einen ... die anderen	Lektion 4
aliquandō *(Adv.)*	einst, (irgend)einmal	Lektion 12
alius, alia, aliud *Gen.:* **alterīus** *Dat.:* **alterī**	ein anderer	Lektion 4
alius ... alius	der eine ... der andere	Lektion 4

alter, altera, alterum	der eine (von beiden), der andere	Lektion 24
amāre, amō, amāvī, amātum	lieben	Lektion 1
ambō, -ae, -ō	beide	Lektion 23
amīcus, -ī *m.* **amīca, -ae** *f.*	der/ein Freund die/eine Freundin	Lektion 4
āmittere, āmittō, āmīsī, āmissum	wegschicken; verlieren	Lektion 11
amor, amōris *m.*	die/eine Liebe	Lektion 14
amplus, -a, -um	weit, groß, geräumig	Lektion 2
animal, animālis *n.*	das/ein Lebewesen, das/ein Tier	Lektion 18
animus, -ī *m.*	der/ein Geist; das/ein Gemüt	Lektion 21
in animō habēre	im Sinn haben, beabsichtigen	Lektion 22
annus, -ī *m.*	das/ein Jahr	Lektion 12
ante *(mit Akk.)*	vor	Lektion 7
anteā *(Adv.)*	vorher	Lektion 12
antīquus, -a, -um	alt, früher	Lektion 23
aperīre, aperiō, aperuī, apertum	öffnen	Lektion 4
apertus, -a, -um	offen	Lektion 4
appārēre, appāreō, appāruī	erscheinen, sich zeigen	Lektion 2
apportāre, apportō, apportāvī, apportātum	(herbei)bringen	Lektion 4
appropinquāre, appropinquō, appropinquāvī, appropinquātum	sich nähern, näher kommen	Lektion 1
apud *(mit Akk.)*	bei	Lektion 10
aqua, -ae *f.*	(das) Wasser	Lektion 4
ārdēre, ārdeō, ārsī, ārsum	brennen	Lektion 10
argentum, -ī *n.*	(das) Silber	Lektion 23
arma, -ōrum *n. (Pluralwort)*	(die) Waffen	Lektion 17
ars, artis *f.*	die/eine Kunst, die/eine Kunstfertigkeit, das/ein Handwerk	Lektion 23
aspicere, aspiciō, aspexī, aspectum	erblicken, anschauen, betrachten	Lektion 9
at	aber, dagegen	Lektion 16
atque	und	Lektion 10
ātrium, -ī *n.*	Hauptraum des römischen Hauses, der/ein Saal	Lektion 2 (Abb.)
attentus, -a, -um	aufmerksam	Lektion 3
auctor, auctōris *m.*	der/ein Gewährsmann, der/ein Förderer, der/ein Urheber	Lektion 20
auctōritās, auctōritātis *f.*	(das) Ansehen, (der) Einfluss	Lektion 9
audācia, -ae *f.*	die/eine Kühnheit, (der) Mut, die/eine Frechheit	Lektion 22

audīre, audiō, audīvī, audītum	hören	Lektion 3
auferre, auferō, abstulī, ablātum	wegtragen, wegreißen	Lektion 20
augēre, augeō, auxī, auctum	vergrößern, vermehren, fördern	Lektion 16
auris, auris *f.*	das/ein Ohr	Lektion 18
aurum, -ī *n.*	(das) Gold	Lektion 23
aut **aut ... aut**	oder entweder ... oder	Lektion 12
autem *(nachgestellt)*	aber, jedoch	Lektion 1
auxilium, -ī *n.*	die/eine Hilfe, die/eine Unterstützung	Lektion 2
avāritia, -ae *f.*	(die) Habgier, (der) Geiz	Lektion 24
avē! **avēte!**	Sei gegrüßt! Seid gegrüßt!	Lektion 2
avus, -ī *m.*	der/ein Großvater	Lektion 1
balneae, -ārum *f.*	das/ein Bad	Lektion 6 (Abb.)
barbarus, -ī *m.*	der/ein Ausländer, der/ein Fremde(r), der/ein Barbar	Lektion 24
beātus, -a, -um	glücklich	Lektion 12
bellum, -ī *n.*	der/ein Krieg	Lektion 7
bellum īnferre *(mit Dat.)*	mit jmdm. Krieg anfangen	Lektion 25
bellum gerere	Krieg führen	Lektion 12
bene *(Adv.; Komp.:* **melius,** *Sup.:* **optimē***)*	gut	Lektion 11
beneficium, -ī *n.*	die/eine Wohltat, die/eine Gefälligkeit	Lektion 8
benīgnus, -a, -um	gütig, freundlich; wohltätig	Lektion 9
bonus, -a, -um	gut	Lektion 3
bōs, bovis *m. u. f.* *(Gen. Pl.:* **boum**, *Dat./Abl. Pl.:* **bobus***)*	das/ein Rind, die/eine Kuh, der/ein Ochse	Lektion 16
brevis, brevis, breve, *Gen.:* **brevis**	kurz	Lektion 15
cadere, cadō, cecidī	fallen	Lektion 6
caelum, -ī *n.*	der/ein Himmel, das/ein Wetter, das/ein Klima	Lektion 19
caldārium, -ī *n.*	das/ein Warmbad	Lektion 6 (Abb.)
campus, -ī *m.*	das/ein Feld, die/eine Ebene	Lektion 13
canere, canō, cecinī, cantātum	singen, besingen, ertönen lassen	Lektion 9
capere, capiō, cēpī, captum **cōnsilium capere**	fassen, fangen; nehmen einen Entschluss fassen	Lektion 11 Lektion 21
captāre, captō, captāvī, captātum	greifen, fassen	Lektion 4

captīvus, -ī *m.*	der/ein Gefangener	Lektion 24
caput, capitis *n.*	der/ein Kopf, das/ein Haupt; die/eine Hauptstadt	Lektion 7
carmen, carminis *n.*	das/ein Gedicht, das/ein Lied	Lektion 13
carrus, -ī *m.*	der/ein Karren	Lektion 6 (Abb.)
castra, -ōrum *n. (Pluralwort)*	das/ein Lager	Lektion 17
catulus, -ī *m.*	der/ein junge(r) Hund	Lektion 4
causā *(mit Gen.)*	wegen	Lektion 25
cautus, -a, -um	vorsichtig	Lektion 4
cavēre, caveō, cāvī, cautum *(mit Akk.)*	sich vorsehen, sich in Acht nehmen vor	Lektion 6
cēdere, cēdō, cessī, cessum	gehen, weichen	Lektion 17
celer, celeris, celere, *Gen.:* **celeris**	schnell	Lektion 13
celer, celeris, celere, *Gen.:* **celeris**	schnell	Lektion 14
celeritās, celeritātis *f.*	(die) Schnelligkeit	Lektion 15
cernere, cernō, crēvī, crētum	wahrnehmen, sehen	Lektion 15
certāre, certō, certāvī, certātum	kämpfen, streiten, Wettkämpfe austragen	Lektion 10
certiōrem facere	jmdn. benachrichtigen	Lektion 22
certus, -a, -um **certē** *(Adv.)*	sicher, zuverlässig, bestimmt sicher(lich)	Lektion 22
cibus, -ī *m.*	die/eine Speise, (das) Futter	Lektion 4
circus, -ī *m.*	der/ein Zirkus *(Veranstaltungsort)*	Lektion 5
cīvis, cīvis *m.*	der/ein Bürger	Lektion 16
cīvitās, cīvitātis *f.*	die/eine Bürgerschaft, die/eine Stadt	Lektion 20
clam *(Adv.)*	heimlich	Lektion 21
clāmāre, clāmō, clāmāvī, clāmātum	schreien, laut rufen	Lektion 4
clāmor, clāmōris *m.*	das/ein Geschrei, der/ein Lärm	Lektion 13
clāmor, clāmōris *m.*	das/ein Geschrei, der/ein Lärm	Lektion 20
clārus, -a, -um	klar; berühmt	Lektion 5
clēmentia, -ae *f.*	(die) Milde	Lektion 24
cōgere, cōgō, coēgī, coāctum	(ver)sammeln; zwingen	Lektion 16
cōgitāre, cōgitō, cōgitāvī, cōgitātum	(nach)denken, überlegen, beabsichtigen	Lektion 1
cōgnōscere, cōgnōscō, cōgnōvī, cognitum	kennen lernen; erkennen; untersuchen	Lektion 12
colere, colō, coluī, cultum	bebauen, pflegen; ehren, verehren	Lektion 8
colligere, colligō, collēgī, collēctum	sammeln	Lektion 14

color, colōris *m.*	die/eine Farbe	Lektion 15
committere, committō, commīsī, commissum **proelium committere**	zusammenführen; beginnen; begehen; anvertrauen eine Schlacht beginnen, kämpfen	Lektion 22
commovēre, commoveō, commōvī, commōtum	bewegen, veranlassen	Lektion 20
condere, condō, condidī, conditum	gründen	Lektion 19
cōnferre, cōnferō, contulī, collātum **sē cōnferre**	zusammentragen; vergleichen sich begeben	Lektion 24
cōnficere, cōnficiō, cōnfēcī, cōnfectum	zu Ende bringen, zurücklegen	Lektion 15
cōnsentīre, cōnsentiō, cōnsēnsī, cōnsēnsum	übereinstimmen, zustimmen, sich einig sein	Lektion 25
cōnservāre, cōnservō, cōnservāvī, cōnservātum	erhalten, bewahren, retten	Lektion 24
cōnsīdere, cōnsīdō, cōnsēdī *und* **cōnsīdī, cōnsessum**	sich niederlassen	Lektion 15
cōnsilium, -ī *n.* **cōnsilium capere**	der/ein Entschluss, der/ein Plan; die/eine Beratung einen Entschluss fassen	Lektion 21 Lektion 21
cōnspicere, cōnspiciō, cōnspexī, cōnspectum	erblicken	Lektion 15
cōnstat, cōnstitit	es steht fest, ist bekannt	Lektion 10
cōnstituere, cōnstituō, cōnstituī, cōnstitūtum	festsetzen, beschließen	Lektion 12
cōnsul, cōnsulis *m.*	der/ein Konsul *(oberster Beamter)*	Lektion 24
cōnsulere, cōnsulō, cōnsuluī, cōnsultum *(mit Akk.)* *(mit Dat.)*	um Rat fragen sorgen für	Lektion 20
cōnsultum, -ī *n.*	der/ein Plan, der/ein Beschluss	Lektion 25
contendere, contendō, contendī	eilen, sich anstrengen, kämpfen	Lektion 17
contentus, -a, -um	zufrieden	Lektion 19
contrā *(mit Akk.)*	gegen	Lektion 25
cōpia, -ae *f.* **cōpiae, -ārum** *f.*	die/eine Menge, die/eine Masse (die) Truppen	Lektion 16
corpus, corporis *n.*	der/ein Körper	Lektion 15
creāre, creō, creāvī, creātum	erschaffen, hervorbringen; wählen	Lektion 10
crēdere, crēdō, crēdidī, crēditum	glauben	Lektion 10
crēscere, crēscō, crēvī, crētum	wachsen, sich steigern, größer/stärker werden	Lektion 22
crūdēlis, crūdēlis, crūdēle, *Gen.:* **crūdēlis**	grausam, roh	Lektion 17
crūdēlitās, crūdēlitātis *f.*	die/eine Grausamkeit	Lektion 11

cultus, cultūs *m.*	die/eine Lebensweise; die/eine Verehrung; die/eine Pflege; die/eine Bebauung	Lektion 11
cum *(mit Abl.)*	(zusammen) mit	Lektion 6
cum *(mit Ind.)*	jedes Mal, wenn; dann, wenn; damals, als	Lektion 18
cum *(mit Konj.)*	weil; nachdem, als; obwohl	Lektion 21
cūnctī, -ae, -a	alle	Lektion 2
cupere, cupiō, cupīvī, cupītum	wünschen, wollen	Lektion 5
cupidus, -a, -um *(mit Gen.)*	gierig, begierig (auf)	Lektion 25
cūr?	warum?	Lektion 2
cūra, -ae *f.*	die/eine Sorge, die/eine Sorgfalt; die/eine Pflege	Lektion 14
cūrāre, cūrō, cūrāvī, cūrātum	sorgen für, versorgen	Lektion 14
cūria, -ae *f.*	die Kurie *(Versammlungsgebäude des Senats)*	Lektion 7
currere, currō, cucurrī, cursum	laufen	Lektion 5
dare, dō, dedī, datum	geben	Lektion 4
dē *(mit Abl.)*	von, von ... her(ab), über	Lektion 6
dea, -ae *f.*	die/eine Göttin	Lektion 8
dēbēre, dēbeō, dēbuī, dēbitum	müssen; schulden; verdanken	Lektion 5
decem	zehn	Lektion 18
dēcernere, dēcernō, dēcrēvī, dēcrētum	entscheiden, beschließen	Lektion 14
dēesse, dēsum, dēfuī	fehlen, nicht da sein	Lektion 14
dēfendere, dēfendō, dēfendī, dēfēnsum	verteidigen	Lektion 17
dēferre, dēferō, detulī, dēlātum	wegtragen, (hin-)tragen	Lektion 21
dēficere, dēficiō, dēfēcī, dēfectum	abfallen; ausgehen; schwinden	Lektion 18
deinde *(Adv.)*	dann, darauf	Lektion 19
dēlectāre, dēlectō, dēlectāvī, dēlectātum	Freude bereiten, Spaß machen	Lektion 5
dēlēre, dēleō, dēlēvī, dēlētum	zerstören	Lektion 25
dēmōnstrāre, dēmōnstrō, dēmōnstrāvī, dēmōnstrātum	zeigen, beweisen	Lektion 9
dēnique *(Adv.)*	endlich, schließlich, überhaupt	Lektion 10
dēns, dentis *m.*	der/ein Zahn	Lektion 13
dēpellere, dēpellō, dēpulī, dēpulsum	wegstoßen, vertreiben	Lektion 10
dēpōnere, dēpōnō, dēposuī, dēpositum	niederlegen, ablegen	Lektion 24

dēscendere, dēscendō, dēscendī, dēscēnsum	hinab-, herabsteigen	Lektion 14
dēsīderāre, dēsīderō, dēsīderāvī, dēsīderātum	wünschen, begehren	Lektion 5
dēsinere, dēsinō, dēsiī, dēsitum	aufhören	Lektion 6
deus, -ī *m.*	der/ein Gott	Lektion 8
dīcere, dīcō, dīxī, dictum	sagen, sprechen	Lektion 7
diēs, diēī *m. u. f.*	der/ein Tag; der/ein Termin	Lektion 8
dīligēns, dīligēns, dīligēns, *Gen.:* **dīligentis**	sorgfältig, gewissenhaft	Lektion 21
dimittere, dimittō, dimīsī, dimissum	wegschicken, entlassen	Lektion 24
animum dimittere	den Mut verlieren	Lektion 25
diripere, diripiō, diripuī, direptum	(aus)plündern, rauben	Lektion 25
discēdere, discēdō, discessī, discessum	weggehen	Lektion 5
discipula, -ae *f.* **discipulus, -ī** *m.*	die/eine Schülerin der/ein Schüler	Lektion 3
disputāre, disputō, disputāvī, disputātum	diskutieren	Lektion 7
diū *(Adv.)*	lange	Lektion 7
dīvitiae, -ārum *f. (Pluralwort)*	(der) Reichtum	Lektion 9
docēre, doceō, docuī, doctum	lehren	Lektion 25
dolor, dolōris *m.*	der/ein Schmerz	Lektion 17
domina, -ae *f.* **dominus, -ī** *m.*	die/eine Herrin, die/eine Hausherrin der/ein Herr, der/ein Hausherr	Lektion 2
domus, domūs *f.* **domum** *(Adv.)*	das/ein Haus nach Hause	Lektion 11
dōnum, -ī *n.*	das/ein Geschenk	Lektion 1
dormīre, dormiō, dormīvī, dormītum	schlafen	Lektion 13
dūcere, dūcō, dūxī, ductum **in mātrimōnium dūcere**	ziehen, führen (eine Frau) heiraten	Lektion 5 Lektion 9
dulcis, dulcis, dulce, *Gen.:* **dulcis**	süß; lieblich, angenehm	Lektion 18
dum *(mit Ind. Präs.)*	während	Lektion 7
dūrus, -a, -um	hart; streng	Lektion 4
dux, ducis *m. u. f.*	der/ein Führer, die/eine Führerin; der/ein Feldherr	Lektion 10
ē/ex *(mit Abl.)*	aus, seit	Lektion 6
ecce!	sieh (mal)! schau (mal)! da!	Lektion 1
ēducāre, ēducō, ēducāvī, ēdūcatum	erziehen	Lektion 20

egō (*Akk.* **mē**)	ich (*Akk.* mich)	Lektion 3
ēgregius, -a, -um	außergewöhnlich	Lektion 22
emere, emō, emī, ēmptum	kaufen	Lektion 13
enim	denn, nämlich	Lektion 8
equus, -ī *m.*	das/ein Pferd	Lektion 5
ergā *(mit Akk.)*	gegen, gegenüber *(im freundlichen Sinn)*	Lektion 24
ergō *(Adv.)*	also	Lektion 25
ēripere, ēripiō, ēripuī, ēreptum	reißen, entreißen, rauben	Lektion 19
errāre, errō, errāvī, errātum	(sich) irren; umherirren	Lektion 18
error, errōris *m.*	der/ein Irrtum, (das) Umherirren	Lektion 18
esse, sum, fuī	sein	Lektion 1
et **et … et**	und; auch sowohl ... als auch	Lektion 1
etiam	auch; sogar	Lektion 2
excēdere, excēdō, excessī, excessum	herausgehen, verlassen	Lektion 24
exercitus, exercitūs *m.*	das/ein Heer	Lektion 11
expellere, expellō, expulī, expulsum	vertreiben, ausstoßen	Lektion 19
explēre, expleō, explēvī, explētum	ausfüllen, vollenden	Lektion 18
expōnere, expōnō, exposuī, expositum	ausstellen, aussetzen	Lektion 20
expūgnāre, expūgnō, expūgnāvī, expūgnātum	erobern	Lektion 22
exspectāre, exspectō, exspectāvī, exspectātum	erwarten, (auf etw.) warten	Lektion 1
fābula, -ae *f.*	die/eine Geschichte, die/eine Erzählung, die/eine Sage	Lektion 3
facere, faciō, fēcī, factum **certiōrem facere**	tun, machen jmdn. benachrichtigen	Lektion 10 Lektion 22
facilis, facilis, facile, *Gen.:* **facilis**	leicht (zu tun), bequem	Lektion 16
factum, -ī *n.*	die/eine Tat, die/eine Handlung	Lektion 11
falsus, -a, -um	falsch	Lektion 23
fāma, -ae *f.* **fāma est**	das/ein Gerede, das/ein Gerücht; die/eine Sage es geht die Sage	Lektion 10
famēs, famis *f.*	(der) Hunger	Lektion 18
fātum, -ī *n.*	der/ein Götterspruch, das/ein Schicksal	Lektion 19
fēlīx, fēlīx, fēlīx, *Gen.:* **fēlīcis**	glücklich	Lektion 15
fēmina, -ae *f.*	die/eine Frau	Lektion 11
ferē *(Adv.)*	fast, beinahe	Lektion 20

ferre, ferō, tulī, lātum **aegrē ferre**	tragen, bringen; ertragen mit Mühe/kaum ertragen	Lektion 20
ferus, -a, -um	wild	Lektion 15
fīlia, -ae *f.* **fīlius, -ī** *m.*	die/eine Tochter der/ein Sohn	Lektion 2
fīnīre, fīniō, fīnīvī, fīnītum	beenden, begrenzen	Lektion 25
fīnis, fīnis *m.* **fīnēs, fīnium** *m.*	die/eine Grenze; das/ein Ende, das/ein Ziel das/ein Gebiet	Lektion 12
fīrmus, -a, -um	stark, fest, sicher	Lektion 18
flōs, flōris *m.*	die/eine Blume, die/eine Blüte	Lektion 14
fluere, fluō, flūxī, flūxum	fließen, strömen	Lektion 6
flūmen, flūminis *n.*	der/ein Fluss	Lektion 16
foedus, foederis *n.*	das/ein Bündnis	Lektion 25
fōrma, -ae *f.*	die/eine Gestalt, die/eine Erscheinung; die/eine Schönheit	Lektion 15
fortasse *(Adv.)*	vielleicht	Lektion 23
forte *(Adv.)*	zufällig	Lektion 20
fortis, fortis, forte, *Gen.:* **fortis**	tapfer, mutig, stark	Lektion 17
forum, -ī *n.*	das/ein Forum, der/ein Marktplatz	Lektion 7
frāter, frātris *m.*	der/ein Bruder	Lektion 17
frīgidārium, -ī *n.*	das/ein Kaltbad	Lektion 6 (Abb.)
frūmentum, -ī *n.*	das/ein Getreide	Lektion 4
frūstrā *(Adv.)*	vergeblich, umsonst	Lektion 14
frūx, frūgis *f.*	die/eine (Feld-)Frucht	Lektion 14
fugere, fugiō, fūgī, fugitum	fliehen, flüchten	Lektion 5
gaudēre, gaudeō	sich freuen	Lektion 1
gaudium, -ī *n.*	die/eine Freude, das/ein Vergnügen	Lektion 2
gēns, gentis *f.*	das/ein Volk, der/ein Stamm; die/eine Sippe, das/ein Geschlecht	Lektion 12
gerere, gerō, gessī, gestum **bellum gerere**	tragen, ausführen Krieg führen	Lektion 12
glōria, -ae *f.*	(der) Ruhm	Lektion 16
Graeca, -ae *f.* **Graecus, -a, -um** **Graecus, -ī** *m.*	die/eine Griechin griechisch der/ein Grieche	Lektion 3
grātus, -a, -um	dankbar; willkommen; nett	Lektion 3
gravis, gravis, grave, *Gen.:* **gravis**	schwer; bedeutend; streng	Lektion 17
habēre, habeō, habuī, habitum	haben, halten	Lektion 22

habitāre, habitō, habitāvī, habitātum	wohnen	Lektion 25
hīc *(Adv.)*	hier	Lektion 3
hic, haec, hoc	dieser, diese, dieses	Lektion 13
hic, haec, hoc	dieser, diese, dieses	Lektion 16
Hispānia, -ae *f.*	Spanien	Lektion 13
hodiē *(Adv.)*	heute	Lektion 12
homō, hominis *m.*	der/ein Mensch, der/ein Mann	Lektion 8
honestus, -a, -um	angesehen, anständig	Lektion 9
hōra, -ae *f.*	die/eine Stunde	Lektion 5
hortus, -ī *m.*	der/ein Garten	Lektion 2 (Abb.)
hospes, hospitis *m.*	der/ein Gast	Lektion 21
hostis, hostis *m.*	der/ein Feind, der/ein Landesfeind	Lektion 12
hūc *(Adv.)*	hierher	Lektion 24
iacēre, iaceō, iacuī	liegen	Lektion 18
iam *(Adv.)*	schon; jetzt; bald	Lektion 2
ibī *(Adv.)*	dort	Lektion 4
īgnis, īgnis *m.*	das/ein Feuer	Lektion 10
īgnōrāre, īgnōrō, īgnōrāvī, īgnōrātum **nōn īgnōrāre**	nicht kennen, nicht wissen genau wissen	Lektion 22 Lektion 22
īgnōscere, īgnōscō, īgnōvī, īgnōtum	verzeihen	Lektion 7
īgnōtus, -a, -um	unbekannt	Lektion 5
ille, illa, illud	jener, jene, jenes	Lektion 13
ille, illa, illud	jener, jene, jenes	Lektion 16
immortālis, immortālis, immortāle, *Gen.:* **immortālis**	unsterblich	Lektion 14
impellere, impellō, impulī, impulsum	(an)stoßen, bewegen, veranlassen	Lektion 15
imperāre, imperō, imperāvī, imperātum	befehlen	Lektion 21
imperātor, imperātōris *m.*	der/ein Feldherr, der/ein Kaiser	Lektion 8
imperium, -ī *n.*	das/ein Reich; die/eine Herrschaft; der/ein, (die/eine) Befehl(sgewalt)	Lektion 7
impetrāre, impetrō, impetrāvī, impetrātum	erreichen, durchsetzen, zustande bringen	Lektion 23
impetus, impetūs *m.*	der/ein Angriff	Lektion 21
implōrāre, implōrō, implōrāvī, implōrātum	flehentlich bitten, erflehen	Lektion 24
imprīmīs *(Adv.)*	besonders	Lektion 18

in *(mit Abl.)* **in** *(mit Akk.)* **in animō habēre** **in mātrimōnium dare** **in mātrimōnium dūcere**	in, an, auf *(auf die Frage: wo?)* in, nach *(auf die Frage: wohin?)* im Sinne haben, beabsichtigen zur Frau geben, verheiraten (eine Frau) heiraten	Lektion 6 Lektion 5 Lektion 22 Lektion 9 Lektion 9
incendium, -ī *n.*	der/ein Brand, das/ein Feuer	Lektion 19
incipere, incipiō, coepī, inceptum	anfangen, beginnen	Lektion 13
incipere, incipiō, coepī, inceptum	anfangen, beginnen	Lektion 19
incolere, incolō, incoluī, incultum	bewohnen, wohnen	Lektion 23
incrēdibilis, incrēdibilis, incrēdibile, *Gen.:* **incrēdibilis**	unglaublich	Lektion 15
industria, -ae *f.*	(der) Fleiß	Lektion 25
īnferī, -ōrum *m. (Pluralwort)*	die Unterwelt	Lektion 14
īnferre, īnferō, intulī, illātum **bellum īnferre**	hineintragen; zufügen mit jmdm. Krieg anfangen	Lektion 25
ingēns, ingēns, ingēns, *Gen.:* **ingentis**	gewaltig, ungeheuer (groß)	Lektion 13
ingēns, ingēns, ingēns, *Gen.:* **ingentis**	gewaltig, ungeheuer (groß)	Lektion 14
inicere, iniciō, iniēcī, iniectum	hinein-, hinwerfen	Lektion 21
inquit *(nachgestellt)*	(er, sie, es) sagt(e)	Lektion 16
īnsidiae, -ārum *f. (Pluralwort)*	der/ein Hinterhalt, die/eine Falle	Lektion 21
īnstitūtum, -ī *n.*	die/eine Einrichtung, die/eine Sitte, der/ein Brauch	Lektion 13
īnsula, -ae *f.*	die/eine Insel	Lektion 14
intellegere, intellegō, intellēxī, intellēctum	verstehen, begreifen, merken	Lektion 6
inter *(mit Akk.)* **inter sē**	zwischen, unter unter sich, untereinander	Lektion 9 Lektion 10
interficere, interficiō, interfēcī, interfectum	töten, umbringen	Lektion 20
intrāre, intrō, intrāvī, intrātum	betreten, hereinkommen	Lektion 1
invādere, invādō, invāsī, invāsum	angreifen, überfallen; eindringen	Lektion 21
invenīre, inveniō, invēnī, inventum	finden, erfinden	Lektion 19
invidia, -ae *f.*	(der) Neid	Lektion 25
invītāre, invītō, invītāvī, invītātum	einladen	Lektion 13
invītāre, invītō, invītāvī, invītātum	einladen	Lektion 19
invītus, -a, -um	unwillig, gegen den eigenen Willen	Lektion 19
ipse, ipsa, ipsum	selbst	Lektion 24
īra, -ae *f.*	der/ein Zorn	Lektion 11
īrātus, -a, -um	böse, zornig	Lektion 7
īre, eō, iī, itum	gehen; reisen	Lektion 5

irrīdēre, irrīdeō, irrīsī, irrīsum	verspotten	Lektion 20
is, ea, id	dieser, diese, dieses; er, sie, es	Lektion 9
ita *(Adv.)*	so	Lektion 10
itaque *(Adv.)*	deshalb, daher	Lektion 2
iter, itineris *n.*	der/ein Weg, die/eine Reise	Lektion 12
iterum *(Adv.)*	wiederum, zum zweiten Mal, noch einmal	Lektion 1
iubēre, iubeō, iussī, iussum *(mit Akk.)*	(jmdm.) befehlen	Lektion 16
iūcundus, -a, -um	angenehm, erfreulich	Lektion 15
iussū *(Adv.)*	auf Befehl	Lektion 11
iuvat, iūvit	es freut, es macht Spaß	Lektion 5
iuvenis, iuvenis *m.*	jung; der/ein junge(r) Mann	Lektion 9
labor, labōris *m.*	die/eine Anstrengung, die/eine Mühe, die/eine Arbeit	Lektion 12
labōrāre, labōrō, labōrāvī, labōrātum	sich anstrengen, arbeiten	Lektion 2
lacrima, -ae *f.*	die/eine Träne	Lektion 6
lacus, lacūs *m.*	der/ein See	Lektion 24
laetus, -a, -um	froh, fröhlich	Lektion 9
laudāre, laudō, laudāvī, laudātum	loben	Lektion 3
laus, laudis *f.*	das/ein Lob, (der) Ruhm	Lektion 24
legere, legō, lēgī, lēctum	lesen, sammeln	Lektion 23
legiō, legiōnis *f.*	die/eine Legion *(größte militärische Einheit im römischen Heer)*	Lektion 24
lēx, lēgis *f.*	das/ein Gesetz	Lektion 7
libenter *(Adv.)*	gern	Lektion 3
līberāre, līberō, līberāvī, līberātum	befreien	Lektion 16
līberī, -ōrum *m. (Pluralwort)*	(die) Kinder	Lektion 4
licet, licuit	es ist erlaubt, man darf	Lektion 6
littera, -ae *f.* **litterae, -ārum** *f. (Pluralwort)*	der/ein Buchstabe der/ein Brief; die/eine Literatur; die/eine Wissenschaft	Lektion 3
lītus, lītoris *n.*	die/eine Küste, der/ein Strand	Lektion 18
loca, -ōrum *n. (Pluralwort)* **locus, -ī** *m.*	die/eine Gegend, das/ein Gelände der/ein Ort, der/ein Platz, die/eine Stelle	Lektion 6
longus, -a, -um	lang; weit	Lektion 15
lūdere, lūdō, lūsī, lūsum	spielen	Lektion 6
lūdus, -ī *m.*	die/eine Schule; das/ein Spiel	Lektion 3

māchina trāctōria *f.*	der/ein Baukran	Lektion 6 (Abb.)
magister, magistrī *m.* **magistra, -ae** *f.*	der/ein Lehrer die/eine Lehrerin	Lektion 3
magistrātus, magistrātūs *m.*	das/ein Amt; der/ein Beamte(r)	Lektion 11
magnificus, -a, -um	großartig, prächtig	Lektion 10
magnus, -a, -um *(Komp.:* **maior, maius;** *Sup.:* **maximus, -a, -um***)*	groß; bedeutend	Lektion 2
malus, -a, -um *(Komp.:* **pēior, pēius,** *Gen.:* **pēiōris** *Sup.:* **pessimus, -a, -um***)*	schlecht, schädlich, böse	Lektion 16
mandāre, mandō, mandāvī, mandātum	anvertrauen, auftragen, befehlen	Lektion 22
manēre, maneō, mānsī, mānsum	bleiben	Lektion 9
manus, manūs *f.*	die/eine Hand; die/eine Schar	Lektion 14
mare, maris *n.*	das/ein Meer	Lektion 18
marītus, -ī *m.*	der/ein Ehemann	Lektion 21
māter, mātris *f.*	die/eine Mutter	Lektion 11
maximē *(Adv.)*	am meisten, besonders	Lektion 10
maximus, -a, -um	der größte, der bedeutendste	Lektion 14
mē *(Akk.)* **mēcum**	mich (zusammen) mit mir	Lektion 3 Lektion 6
meā (tuā ...) sponte	von selbst, aus eigenem Antrieb	Lektion 15
medicīna, -ae *f.*	die/eine Medizin, das/ein Heilmittel; die/eine Heilkunst	Lektion 5
medicus, -ī *m.*	der/ein Arzt	Lektion 5
medius, -a, -um	in der Mitte gelegen; mitten	Lektion 21
mēnsis, mēnsis *m.*	der/ein Monat	Lektion 14
mercātor, mercātōris *m.*	der/ein Kaufmann	Lektion 12
merx, mercis *f.*	die/eine Ware	Lektion 12
metuere, metuō, metuī	fürchten	Lektion 25
metus, metūs *m.*	(die) Furcht, (die) Angst	Lektion 24
meus, -a, -um	mein	Lektion 3
mīles, mīlitis *m.*	der/ein Soldat	Lektion 11
minimē *(Adv.)*	keineswegs, überhaupt nicht	Lektion 6
mīrābilis, mīrābilis, mīrābile, *Gen.:* **mīrābilis**	erstaunlich, bewundernswert	Lektion 23
mīrus, -a, -um	seltsam, verwunderlich	Lektion 6
miser, misera, miserum	unglücklich, elend	Lektion 3

misericordia, -ae *f.*	(das) Mitleid, (die) Barmherzigkeit	Lektion 18
mittere, mittō, mīsī, missum	schicken, senden; ent-, loslassen; werfen	Lektion 11
modus, -ī *m.*	das/ein Maß; die/eine Art, die/eine Weise	Lektion 6
moenia, moenium *n. (Pluralwort)*	(die) Stadtmauern, (die) Mauern	Lektion 18
monēre, moneō, monuī, monitum	mahnen, erinnern, warnen	Lektion 12
mōns, montis *m.*	der/ein Berg	Lektion 10
morbus, -ī *m.*	die/eine Krankheit	Lektion 10
mors, mortis *f.*	(der) Tod	Lektion 8
mortālis, mortālis, mortāle, *Gen.:* **mortālis**	sterblich	Lektion 14
mortuus, -a, -um	tot	Lektion 8
mōs, mōris *m.*	der/ein Brauch, die/eine Gewohnheit, die/eine Sitte	Lektion 11
movēre, moveō, mōvī, mōtum	bewegen	Lektion 6
mulier, mulieris *f.*	die/eine Frau	Lektion 18
multus, -a, -um **multī, -ae, -a** *(Komp.:* **plūrēs, plūra,** *Gen.:* **plūrium** / *Sup.:* **plūrimī, -ae, -a***)*	viel viele, zahlreiche	Lektion 2 Lektion 2 Lektion 16
mūnīre, mūniō, mūnīvī, mūnītum	befestigen, sichern	Lektion 19
mūrus, -ī *m.*	die/eine Mauer	Lektion 20
mūtāre, mūtō, mūtāvī, mūtātum	(ein)tauschen; ändern, wechseln	Lektion 12
nam	denn	Lektion 3
nārrāre, nārrō, nārrāvī, nārrātum	erzählen	Lektion 3
nātūra, -ae *f.*	die/eine Natur, das/ein Wesen, die/eine Sinnesart	Lektion 13
nāvigāre, nāvigō, nāvigāvī, nāvigātum	segeln	Lektion 19
nāvis, nāvis *f.*	das/ein Schiff	Lektion 17
nē *(mit Konj.)*	dass nicht, damit nicht	Lektion 21
nē ... quidem	nicht einmal	Lektion 15
-ne?	*(Fragepartikel, an ein Wort angehängt; wird nicht übersetzt)*	Lektion 10
necāre, necō, necāvī, necātum	töten	Lektion 10
necesse est	es ist nötig, notwendig	Lektion 25
negāre, negō, negāvī, negātum	verweigern, verneinen, nein sagen	Lektion 17
neglegere, neglegō, neglēxī, neglēctum	nicht beachten, vernachlässigen	Lektion 11

negōtium, -ī *n.*	die/eine Tätigkeit, die/eine Aufgabe	Lektion 2
neque/nec neque ... neque / nec ... nec	und nicht, auch nicht weder ... noch	Lektion 13
neque/nec neque ... neque / nec ... nec	und nicht, auch nicht weder ... noch	Lektion 22
nihil	nichts	Lektion 8
nisī	wenn nicht	Lektion 23
nōbilis, nōbilis, nōbile, *Gen.:* **nōbilis**	adlig, edel, vornehm, berühmt	Lektion 13
nōbīscum	(zusammen) mit uns	Lektion 6
nōmen, nōminis *n.*	der/ein Name	Lektion 13
nōmen, nōminis *n.*	der/ein Name	Lektion 20
nōn	nicht	Lektion 2
nōn iam	nicht mehr	Lektion 2
nōn sōlum ... sed etiam	nicht nur ... sondern auch	Lektion 10
nōnne?	nicht? *(legt eine zustimmende Antwort nahe)*	Lektion 10
nōnnūllī, -ae, -a	einige	Lektion 8
nōnnumquam *(Adv.)*	manchmal	Lektion 4
nōs *(Nom. u. Akk.)*	*Nom.:* wir; *Akk.:* uns	Lektion 3
noster, nostra, nostrum	unser	Lektion 3
novus, -a, -um	neu	Lektion 6
nox, noctis *f.*	die/eine Nacht	Lektion 9
nūbere, nūbō, nūpsī, nūptum *(mit Dat.)*	*(einen Mann)* heiraten	Lektion 9
num?	etwa wirklich? *(legt ablehnende Antwort nahe)*	Lektion 10
numquam *(Adv.)*	nie(mals)	Lektion 16
nunc *(Adv.)*	nun, jetzt	Lektion 1
nuntiāre, nuntiō, nuntiāvī, nuntiātum	melden, verkünden	Lektion 11
nūntius, -ī *m.*	der/ein Bote; die/eine Botschaft, die/eine Meldung, die/eine Nachricht	Lektion 22
nūper *(Adv.)*	neulich	Lektion 23
obscūrus, -a, -um	dunkel	Lektion 4
observāre, observō, observāvī, observātum	beobachten, beachten	Lektion 15
obviam *(Adv.)*	entgegen	Lektion 17
occupāre, occupō, occupāvī, occupātum	einnehmen, besetzen	Lektion 11

oculus, -ī *m.*	das/ein Auge	Lektion 12
odium, -ī *n.*	(der) Hass	Lektion 11
odor, odōris *m.*	der/ein Geruch, der/ein Gestank	Lektion 16
officium, -ī *n.*	die/eine Pflicht; die/eine Aufgabe	Lektion 7
omnis, omnis, omne, *Gen.:* **omnis**	jeder; ganz; *Pl.:* alle	Lektion 14
opēs, opum *f. (Pluralwort)*	(die) Hilfsmittel; die/eine Macht, (der) Reichtum, (die) Truppen	Lektion 25
opīniō, opīniōnis *f.*	die/eine Meinung, das/ein Gerücht, die/eine Erwartung	Lektion 24
oportet, oportuit	es ist notwendig, man muss	Lektion 19
oppidum, -ī *n.*	die/eine befestigte Siedlung; die/eine Stadt	Lektion 11
opprimere, opprimō, oppressī, oppressum	unterdrücken; überfallen, bedrängen	Lektion 11
oppūgnāre, oppūgnō, oppūgnāvī, oppūgnātum	angreifen, bestürmen	Lektion 25
optāre, optō, optāvī, optātum	wünschen	Lektion 24
opus, operis *n.* **opus est** *(mit AcI)*	das/ein Werk, das/ein Bauwerk es ist nötig	Lektion 22
ōrā, -ae *f.*	die/eine Küste	Lektion 19
ōrāre, ōrō, ōrāvī, ōrātum	bitten	Lektion 24
ōrātor, ōrātōris *m.*	der/ein Redner	Lektion 7
orbis, orbis *m.* **orbis terrārum** *m.*	der/ein Kreis, die/eine Scheibe der/ein Erdkreis, die/eine Welt	Lektion 23
ōrnāre, ōrnō, ōrnāvī, ōrnātum	schmücken	Lektion 6
paene *(Adv.)*	beinahe	Lektion 6
parāre, parō, parāvī, parātum	(zu)bereiten	Lektion 4
parēntēs, parentum *m.*	(die) Eltern	Lektion 20
parere, pariō, peperī, partum	hervorbringen, gebären; erwerben	Lektion 15
pars, partis *f.* **partēs, partium** *f.*	der/ein Teil; die/eine Richtung; die/eine Seite; die/eine Partei	Lektion 16
parvus, -a, -um *(Komp.:* **minor, -us;** *Sup.:* **minimus, -a, -um***)*	klein, jung	Lektion 6
pater, patris *m.*	der/ein Vater	Lektion 7
patria, -ae *f.*	das/ein Vaterland, die/eine Heimat	Lektion 11
patrōnus, -ī *m.*	der/ein Patron; der/ein Anwalt; der/ein Beschützer	Lektion 2
paucī, -ae, -a	(nur) wenige	Lektion 12
paulō post *(Adv.)*	wenig später	Lektion 25
pāx, pācis *f.*	der/ein Friede	Lektion 7

per *(mit Akk.)*	durch	Lektion 5
perīculum, -ī *n.*	die/eine Gefahr	Lektion 8
perīre, pereō, periī	zugrunde gehen, umkommen	Lektion 19
peristȳlium, -ī *n.*	offener Innenhof	Lektion 2 (Abb.)
permovēre, permoveō, permōvī, permōtum	bewegen, erregen	Lektion 18
perniciēs, perniciēī *f.*	(das) Verderben, (der) Untergang	Lektion 18
perpetuus, -a, -um	ununterbrochen, fortdauernd	Lektion 10
persuādēre, persuādeō, persuāsī, persuāsum *(mit Dat.)*	jmdn. überreden, überzeugen	Lektion 17
pervenīre, perveniō, pervēnī, perventum	hinkommen, gelangen	Lektion 18
petere, petō, petīvī, petītum	erbitten, zu erreichen suchen, (einen Ort) aufsuchen, angreifen	Lektion 17
philosophus, -ī *m.*	der/ein Philosoph, der/ein Gelehrte(r)	Lektion 25
placēre, placeō, placuī, placitum	gefallen	Lektion 4
plēnus, -a, -um *(mit Gen.)*	voll von	Lektion 7
plērīque, plēraeque, plēraque	die meisten	Lektion 24
poēta, -ae *m.*	der/ein Dichter	Lektion 13
pōnere, pōnō, posuī, positum	setzen, stellen, legen	Lektion 21
populus, -ī *m.*	das/ein Volk, die/eine Menge	Lektion 24
porta, -ae *f.*	die/eine Tür, das/ein Tor	Lektion 4
portāre, portō, portāvī, portātum	tragen, bringen	Lektion 1
portus, portūs *m.*	der/ein Hafen	Lektion 19
posse, possum, potuī	können	Lektion 4
post *(mit Akk.)*	nach, hinter	Lektion 10
posteā *(Adv.)*	nachher, später	Lektion 5
postquam *(mit Ind. Perf.)*	nachdem	Lektion 11
postrēmum *(Adv.)*	zum letzten Mal	Lektion 19
potēns, potēns, potēns, *Gen.:* **potentis**	mächtig	Lektion 25
prae *(mit Abl.)*	vor, wegen	Lektion 6
praebēre, praebeō, praebuī, praebitum	hinhalten, (dar)reichen, geben	Lektion 8
praeesse, praesum, praefuī *(mit Dat.)*	verwalten, leiten, kommandieren	Lektion 23
praemium, -ī *n.*	der/ein Lohn, die/eine Belohnung, der/ein Preis	Lektion 23

praestāre, praestō, praestitī *(mit Dat.)* *(mit Akk.)*	jmdm. voranstehen, jmdn. übertreffen; etwas leisten	Lektion 25
praetereā *(Adv.)*	außerdem	Lektion 16
precēs, precum *f. (Pluralwort)*	die/eine Bitte, das/ein Gebet	Lektion 17
pretium, -ī *n.*	der/ein Preis	Lektion 24
prīmō *(Adv.)*	zuerst, anfangs; zum ersten Mal	Lektion 13
prīmō *(Adv.)*	zuerst, anfangs; zum ersten Mal	Lektion 23
prīmum *(Adv.)*	zuerst; zum ersten Mal	Lektion 12
prīmus, -a, -um	erster, vorderster; vornehmster	Lektion 24
prīnceps, prīncipis *m.*	der erste (Mann), der/ein Anführer, der/ein Kaiser	Lektion 9
prius *(Adv.)*	früher, eher	Lektion 24
prō *(mit Abl.)*	vor, für, anstelle von	Lektion 6
probāre, probō, probāvī, probātum	gutheißen, billigen; prüfen	Lektion 17
procul *(Adv.)*	fern; in die Ferne	Lektion 6
proelium, -ī *n.* **proelium committere**	der/ein Kampf, die/eine Schlacht eine Schlacht beginnen, kämpfen	Lektion 17 Lektion 22
profectō *(Adv.)*	in der Tat, sicherlich	Lektion 19
prōmittere, prōmittō, prōmīsī, prōmissum	versprechen	Lektion 16
prope *(mit Akk.)*	nahe bei	Lektion 5
propinqua, -ae *f.* **propinquus, -a, -um** **propinquus, -ī** *m.*	die/eine Verwandte benachbart, verwandt der/ein Verwandte/r	Lektion 9
prōpōnere, prōpōnō, prōposuī, prōpositum	versprechen, in Aussicht stellen, aufstellen, sich vornehmen	Lektion 23
propter *(mit Akk.)*	wegen	Lektion 11
prōvidēre, prōvideō, prōvīdī, prōvīsum *(mit Akk.)* *(mit Dat.)*	vorhersehen; sorgen für	Lektion 14
prōvincia, -ae *f.*	der/ein Amtsbereich, die/eine Provinz	Lektion 11
prūdēns, prūdēns, prūdēns, *Gen.:* **prūdentis**	klug, erfahren	Lektion 13
prūdēns, prūdēns, prūdēns, *Gen.:* **prūdentis**	klug, erfahren	Lektion 14
pūblicus, -a, -um	öffentlich, staatlich	Lektion 8
puella, -ae *f.*	das/ein Mädchen	Lektion 1
puer, puerī *m.* **puerī, -ōrum** *m.*	der/ein Junge (die) Kinder	Lektion 3
pūgna, -ae *f.*	der/ein Kampf, die/eine Schlacht	Lektion 24

pūgnāre, pūgnō, pūgnāvī, pūgnātum	kämpfen	Lektion 17
pulcher, pulchra, pulchrum	schön	Lektion 3
putāre, putō, putāvī, putātum	glauben, meinen; halten für	Lektion 10
quācum	mit welcher; mit der	Lektion 9
quaerere, quaerō, quaesīvī, quaesītum	suchen, fragen	Lektion 5
quam	wie	Lektion 7
quam *(mit Komparativ)*	als	Lektion 15
quamquam	obgleich, obwohl	Lektion 7
quantus, -a, -um?	wie groß?	Lektion 22
quārē	dadurch; wodurch?	Lektion 24
-que	und	Lektion 5
quī, quae, quod **quibuscum**	welcher, welche, welches; der, die, das mit welchen; mit denen	Lektion 9
quia	weil, da	Lektion 20
quid?	was?	Lektion 1
quis?	wer?	Lektion 2
quō? *(Adv.)*	wohin?	Lektion 5
quōcum	mit welchem; mit dem	Lektion 9
quod	weil	Lektion 7
quod *(bei Verben, die Gefühle ausdrücken)*	dass	Lektion 21
quodsī	wenn also, wenn aber	Lektion 23
quōmodo? *(Adv.)*	wie	Lektion 12
quoque *(nachgestellt)*	auch	Lektion 7
quot ?	wie viele?	Lektion 14
rapere, rapiō, rapuī, raptum	rauben, reißen; entführen	Lektion 14
ratiō, ratiōnis *f.*	die/eine Überlegung, der/ein Plan, die/eine Berechnung, (die) Vernunft	Lektion 13
recipere, recipiō, recēpī, receptum	annehmen, aufnehmen; zurücknehmen, zurückziehen	Lektion 14
rēctus, -a, -um	richtig, gerade	Lektion 23
redīre, redeō, rediī, reditum	zurückkehren, zurückkommen	Lektion 11
referre, referō, rettulī, relātum	zurückbringen, berichten	Lektion 20
regere, regō, rēxī, rēctum	lenken, leiten, regieren	Lektion 10
rēgīna, -ae *f.*	die/eine Königin	Lektion 14
rēgius, -a, -um	königlich	Lektion 19

rēgnum, -ī *n.*	die/eine Königsherrschaft, die/eine Herrschaft, das/ein Reich	Lektion 14
relinquere, relinquō, relīquī, relictum	verlassen; zurücklassen	Lektion 15
removēre, removeō, remōvī, remōtum	entfernen, beseitigen	Lektion 16
repente *(Adv.)*	plötzlich	Lektion 9
reperīre, reperiō, repperī, repertum	finden, wiederfinden	Lektion 4
rēs, reī *f.* **rēs pūblica, reī pūblicae** *f.*	die/eine Sache, das/ein Ding der/ein Staat	Lektion 8
resistere, resistō, restitī	sich widersetzen, Widerstand leisten	Lektion 17
respondēre, respondeō, respondī, respōnsum	antworten	Lektion 2
restituere, restituō, restituī, restitūtum	wiederherstellen, wieder aufbauen	Lektion 25
retinēre, retineō, retinuī, retentum	aufhalten, zurückhalten	Lektion 17
rēx, rēgis *m.*	der/ein König	Lektion 14
rīdēre, rīdeō, rīsī, rīsum	lachen	Lektion 1
rīpa, -ae *f.*	das/ein Ufer	Lektion 20
rōbur, rōboris *n.*	die/eine Kraft, die/eine Stärke	Lektion 12
rogāre, rogō, rogāvī, rogātum	fragen, bitten	Lektion 10
Rōma, -ae *f.* **Rōmam** **Rōmāna, -ae** *f.* **Rōmānus, -ī** *m.* **Rōmānus, -a, -um**	Rom nach Rom die/eine Römerin der/ein Römer römisch	Lektion 5
rūrsus *(Adv.)*	wieder, wiederum	Lektion 5
saepe *(Adv.)*	oft	Lektion 4
salūs, salūtis *f.*	(die) Gesundheit, (das) Wohlergehen; (die) Rettung; der/ein Gruß	Lektion 11
salūtāre, salūtō, salūtāvī, salūtātum	grüßen, begrüßen	Lektion 1
salvē! **salvēte!**	Hallo! Sei gegrüßt! Guten Tag! Hallo! Seid gegrüßt! Guten Tag!	Lektion 2
salvus, -a, -um	wohlbehalten, unversehrt	Lektion 12
sānctus, -a, -um	heilig	Lektion 24
sapiēns, sapiēns, sapiēns, *Gen.:* **sapientis**	weise, einsichtsvoll	Lektion 13
sapiēns, sapiēns, sapiēns, *Gen.:* **sapientis**	weise, einsichtsvoll	Lektion 14
satis *(Adv.)*	ausreichend, genug	Lektion 11
saxum, -ī *n.*	der/ein Stein, der/ein Fels	Lektion 18

scelus, sceleris *n.*	das/ein Verbrechen	Lektion 10
scientia, -ae *f.*	(das) Wissen, die/eine Kenntnis	Lektion 25
scīre, sciō, scīvī, scītum	wissen, kennen, verstehen	Lektion 10
scrībere, scrībō, scrīpsī, scrīptum	schreiben	Lektion 11
sē *(Akk.)* **sēcum**	sich; *im AcI* er, sie mit sich, bei sich	Lektion 10
secundus, -a, -um	zweiter, nächster	Lektion 25
sed	aber; sondern	Lektion 2
sedēre, sedeō, sēdī, sessum	sitzen	Lektion 18
semper *(Adv.)*	immer	Lektion 8
senātor, senātōris *m.*	der/ein Senator	Lektion 7
senātus, senātūs *m.*	der/ein Senat, die/eine Senatsversammlung	Lektion 24
senex, senis *m.*	der/ein alte(r) Mann, der/ein Greis	Lektion 17
sententia, -ae *f.*	die/eine Meinung, die/eine Ansicht	Lektion 7
serva, -ae *f.*	die/eine Sklavin	Lektion 2
servāre, servō, servāvī, servātum	retten, bewahren	Lektion 8
servitūs, servitūtis *f.*	die/eine Sklaverei	Lektion 11
servus, -ī *m.*	der/ein Sklave	Lektion 2
sī	wenn	Lektion 23
sibi (*Dat. zu* **sē**)	sich; *im AcI*: ihm, ihr, ihnen	Lektion 14
sīc *(Adv.)*	so	Lektion 21
sīgnum, -ī *n.*	das/ein Zeichen	Lektion 21
similis, similis, simile, *Gen.:* **similis**	ähnlich	Lektion 13
sīn	wenn aber	Lektion 25
sine *(mit Abl.)*	ohne	Lektion 6
sinere, sinō, sīvī *und* **siī, situm**	lassen, zulassen	Lektion 15
socius, -ī *m.* **socius, -a, -um**	der/ein Gefährte gemeinsam	Lektion 18
solēre, soleō	gewohnt sein	Lektion 24
solvere, solvō, solvī, solūtum	lösen, auflösen; bezahlen	Lektion 18
sors, sortis *f.*	das/ein Los; das/ein Schicksal	Lektion 17
speciēs, speciēī *f.*	(das) Aussehen, das/ein Äußere(s); die/eine Schönheit; (der) Schein; die/eine Art	Lektion 18
spectāre, spectō, spectāvī, spectātum	betrachten, (an)sehen, (an)schauen	Lektion 2
spērāre, spērō, spērāvī, spērātum	hoffen (auf), erhoffen	Lektion 2
spēs, speī *f.*	die/eine Hoffnung, die/eine Erwartung	Lektion 8

spoliāre, spoliō, spoliāvī, spoliātum *(mit Abl.)*	*(einer Sache)* berauben; plündern	Lektion 12
sponte (meā, tuā ... sponte)	aus eigenem Antrieb	Lektion 15
stabulum, -ī *n.*	der/ein Stall	Lektion 16
stāre, stō, stetī, statum	stehen	Lektion 1
statim *(Adv.)*	sofort	Lektion 5
statua, -ae *f.*	die/eine Statue, das/ein Standbild	Lektion 6
studēre, studeō, studuī *(mit Dat.)*	sich bemühen um; studieren	Lektion 22
subicere, subiciō, subiēcī, subiectum	unterwerfen, unterordnen, preisgeben	Lektion 25
subīre, subeō, subiī, subitum	auf sich nehmen	Lektion 12
subitō *(Adv.)*	plötzlich	Lektion 1
summus, -a, -um	höchster, oberster	Lektion 19
superāre, superō, superāvī, superātum	besiegen, übertreffen	Lektion 17
superior, superius, *Gen.:* **superiōris**	früher, vorig, höher	Lektion 25
suscipere, suscipiō, suscēpī, susceptum	auf sich nehmen, übernehmen	Lektion 22
sustinēre, sustineō, sustinuī, sustentum	aushalten, (er)tragen	Lektion 17
suus, -a, -um	sein; ihr	Lektion 11
tablīnum, -ī *n.*	Raum im römischen Haus zwischen Atrium und Peristylium	Lektion 2 (Abb.)
tabula, -ae *f.*	die/eine Tafel; das/ein Bild	Lektion 3
tacēre, taceō, tacuī, tacitum	schweigen	Lektion 3
tālis, tālis, tāle, *Gen.:* **tālis**	solcher, solche, solches	Lektion 25
tam *(Adv.)*	so	Lektion 21
tamen	dennoch, trotzdem	Lektion 12
tandem *(Adv.)*	endlich, schließlich	Lektion 4
tangere, tangō, tetigī, tāctum	berühren, anfassen	Lektion 6
taurus, -ī *m.*	der/ein Stier	Lektion 15
tē *(Akk.)* **tēcum**	dich (zusammen) mit dir	Lektion 3 Lektion 6
tempestās, tempestātis *f.*	der/ein Sturm, das/ein Unwetter	Lektion 18
templum, -ī *n.*	der/ein Tempel, das/ein Heiligtum	Lektion 7
tempus, temporis *n.*	die/eine Zeit	Lektion 15
tenēre, teneō, tenuī, tentum	(fest)halten	Lektion 4
tenuis, tenuis, tenue, *Gen.:* **tenuis**	dünn; fein; schwach	Lektion 15
tepidārium, -ī *n.*	mäßig warmes Bad	Lektion 6 (Abb.)
tergum, -ī *n.*	der/ein Rücken	Lektion 15

terra, -ae *f.*	die/eine Erde, das/ein Land	Lektion 14
terrēre, terreō, terruī, territum	erschrecken	Lektion 17
tertius, -a, -um	der, die, das dritte	Lektion 6
thermae, -ārum *f. (Pluralwort)*	(die) Thermen	Lektion 13
timēre, timeō, timuī *(mit Akk.)* *(mit Dat.)*	fürchten, Angst haben vor; fürchten für, in Angst sein um	Lektion 4
timor, timōris *m.*	die/eine Angst, die/eine Furcht	Lektion 8
toga, -ae *f.*	die/eine Toga	Lektion 13
tollere, tollō, sustulī, sublātum	(auf)heben, erheben, beseitigen	Lektion 6
tot	so viele	Lektion 14
trēs, tria, *Gen.:* **trium**	drei	Lektion 10
tū (*Dat.* **tibi,** *Akk.* **tē)**	du	Lektion 3
tum *(Adv.)*	da; dann, darauf; damals	Lektion 1
tumultus, tumultūs *m.*	der/ein Aufruhr, (der) Lärm; der/ein Aufstand	Lektion 11
turba, -ae *f.*	die/eine Menschenmenge, die/eine Masse, das/ein Gewimmel	Lektion 2
tūtus, -a, -um	sicher, geschützt	Lektion 12
tuus, -a, -um	dein	Lektion 3
ubī? *(Adv.)*	wo?	Lektion 4
ubī *(mit Ind.)*	sobald	Lektion 18
ultimus, -a, -um	letzter, äußerster	Lektion 24
umquam *(Adv.)*	jemals	Lektion 15
unda, -ae *f.*	die/eine Welle, die/eine Flut	Lektion 17
ūnus, -a, -um, *Gen.:* **ūnīus,** *Dat.:* **ūnī**	ein, einer	Lektion 10
urbs, urbis *f.*	die/eine Stadt, die/eine Hauptstadt	Lektion 13
urbs, urbis *f.*	die/eine Stadt, die/eine Hauptstadt	Lektion 18
ūsque ad *(mit Akk.)*	bis zu	Lektion 24
ut (prīmum) *(mit Ind.)*	sobald	Lektion 18
ut *(mit Konj.)*	(so) dass, damit, um ... zu	Lektion 21
ūtilis, ūtilis, ūtile, *Gen.:* **ūtilis**	nützlich	Lektion 22
utinam (nē) *(mit Konj.)*	wenn doch (nicht)! Hoffentlich (nicht)!	Lektion 24
utrum ... an	ob ... oder	Lektion 24
uxor, uxōris *f.*	die/eine Ehefrau	Lektion 10
valdē *(Adv.)*	sehr	Lektion 1

valē! **valēte!** **valēre, valeō, valuī**	Auf Wiedersehen! (Sei gesund!) Auf Wiedersehen! (Seid gesund!) kräftig sein, gesund sein; Einfluss haben	Lektion 7
vallum, -ī *n.*	der/ein Wall	Lektion 17
vehemēns, vehemēns, vehemēns, *Gen.:* **vehementis**	heftig	Lektion 14
vendere, vendō, vendidī, venditum	verkaufen	Lektion 12
venēnum, -ī *n.*	das/ein Gift	Lektion 5
venīre, veniō, vēnī, ventum	kommen	Lektion 3
verbum, -ī *n.*	das/ein Wort	Lektion 3
vertere, vertō, vertī, versum	drehen, wenden	Lektion 24
vērus, -a, -um	wahr, echt, wirklich	Lektion 24
vester, vestra, vestrum	euer	Lektion 3
vestīgium, -ī *n.*	der/ein Fuß, die/eine Spur	Lektion 14
vestis, vestis *f.*	das/ein Kleid, das/ein Gewand	Lektion 13
vestis, vestis *f.*	das/ein Kleid, das/ein Gewand	Lektion 18
vexāre, vexō, vexāvī, vexātum	quälen	Lektion 16
via, -ae *f.*	die/eine Straße, der/ein Weg	Lektion 6
victor, victōris *m.*	der/ein Sieger	Lektion 23
victōria, -ae *f.*	der/ein Sieg	Lektion 17
vīcus, -ī *m.*	das/ein Dorf	Lektion 12
vidēre, videō, vīdī, vīsum	sehen	Lektion 1
vīlla, -ae *f.*	das/ein Landhaus, das/ein Landgut	Lektion 4
vincere, vincō, vīcī, victum	(be)siegen	Lektion 17
vinculum, -ī *n.* **vincula, -ōrum** *n.*	das/ein Band, die/eine Fessel (die) Fesseln; das/ein Gefängnis	Lektion 18
vīnum, -ī *n.*	der/ein Wein	Lektion 4
violāre, violō, violāvī, violātum	verletzen	Lektion 21
vir, virī *m.*	der/ein Mann	Lektion 4
virtūs, virtūtis *f.*	(die) Tapferkeit, (die) Tatkraft, die/eine Tugend	Lektion 17
vīs, *Akk.:* **vim,** *Abl.:* **vī**	die/eine Kraft, (die) Gewalt, die/eine Stärke	Lektion 18
vīta, -ae *f.*	das/ein Leben	Lektion 11
vīvere, vīvō, vīxī	leben	Lektion 14
vīvus, -a, -um	lebendig, unverbraucht	Lektion 20
vix *(Adv.)*	kaum, mit Mühe	Lektion 18
vōbīscum	mit euch	Lektion 6
vocāre, vocō, vocāvī, vocātum	rufen	Lektion 19

vōs *(Nom. u. Akk.)*	*Nom.*: ihr; *Akk.*: euch	Lektion 3
vōx, vōcis *f.*	die/eine Stimme	Lektion 7
vulnerāre, vulnerō, vulnerāvī, vulnerātum	verwunden, verletzen	Lektion 17
vultus, vultūs *m.*	das/ein Gesicht; die/eine Miene, der/ein Ausdruck	Lektion 15

Verzeichnis unregelmäßiger Verben

abesse, absum, āfuī	abwesend sein, fehlen	Lektion 5
accidere, accidō, accidī **accidit, accidit**	sich ereignen, zustoßen es ereignet sich	Lektion 21
accipere, accipiō, accēpī, acceptum	annehmen, bekommen, empfangen	Lektion 11
addere, addō, addidī, additum	hinzufügen, beifügen	Lektion 19
addūcere, addūcō, addūxī, adductum	heranführen, zuführen, veranlassen	Lektion 18
adesse, adsum, affuī *(mit Dat.)*	da sein; helfen	Lektion 2
adīre, adeō, adiī, aditum	herangehen, hingehen	Lektion 15
adiuvāre, adiuvō, adiūvī, adiūtum *(mit Akk.)*	unterstützen, helfen	Lektion 14
afferre, afferō, attulī, allātum	(herbei)bringen, mitbringen, zufügen	Lektion 23
agere, agō, ēgī, āctum	treiben; tun	Lektion 12
āmittere, āmittō, āmīsī, āmissum	wegschicken; verlieren	Lektion 11
aperīre, aperiō, aperuī, apertum	öffnen	Lektion 4
appārēre, appāreō, appāruī	erscheinen, sich zeigen	Lektion 2
ārdēre, ārdeō, ārsī, ārsum	brennen	Lektion 10
aspicere, aspiciō, aspexī, aspectum	erblicken, anschauen, betrachten	Lektion 9
audīre, audiō, audīvī, audītum	hören	Lektion 3
auferre, auferō, abstulī, ablātum	wegtragen, wegreißen	Lektion 20
augēre, augeō, auxī, auctum	vergrößern, vermehren, fördern	Lektion 16
cadere, cadō, cecidī	fallen	Lektion 6
canere, canō, cecinī, cantātum	singen, besingen, ertönen lassen	Lektion 9
capere, capiō, cēpī, captum	fassen, fangen; nehmen	Lektion 11
cavēre, caveō, cāvī, cautum *(mit Akk.)*	sich vorsehen, sich in Acht nehmen vor	Lektion 6
cēdere, cēdō, cessī, cessum	gehen, weichen	Lektion 17
cernere, cernō, crēvī, crētum	wahrnehmen, sehen	Lektion 15

cōgere, cōgō, coēgī, coāctum	(ver)sammeln; zwingen	Lektion 16
cōgnōscere, cōgnōscō, cōgnōvī, cognitum	kennen lernen; erkennen; untersuchen	Lektion 12
colere, colō, coluī, cultum	bebauen, pflegen, ehren, verehren	Lektion 8
colligere, colligō, collēgī, collēctum	sammeln	Lektion 14
committere, committō, commīsī, commissum	zusammenführen; beginnen; begehen; anvertrauen	Lektion 22
commovēre, commoveō, commōvī, commōtum	bewegen, veranlassen	Lektion 20
condere, condō, condidī, conditum	gründen	Lektion 19
cōnferre, cōnferō, contulī, collātum	zusammentragen; vergleichen	Lektion 24
cōnficere, cōnficiō, cōnfēcī, cōnfectum	zu Ende bringen, zurücklegen	Lektion 15
cōnsentīre, cōnsentiō, cōnsēnsī, cōnsēnsum	übereinstimmen, zustimmen, sich einig sein	Lektion 25
cōnsīdere, cōnsīdō, cōnsēdī *und* **cōnsīdī, cōnsessum**	sich niederlassen	Lektion 15
cōnspicere, cōnspiciō, cōnspexī, cōnspectum	erblicken	Lektion 15
cōnstat, cōnstitit	es steht fest, ist bekannt	Lektion 10
cōnstituere, cōnstituō, cōnstituī, cōnstitūtum	festsetzen, beschließen	Lektion 12
cōnsulere, cōnsulō, cōnsuluī, cōnsultum	um Rat fragen, sorgen für	Lektion 20
contendere, contendō, contendī	eilen, sich anstrengen, kämpfen	Lektion 17
crēdere, crēdō, crēdidī, crēditum	glauben	Lektion 10
crēscere, crēscō, crēvī, crētum	wachsen, sich steigern, größer/stärker werden	Lektion 22
cupere, cupiō, cupīvī, cupītum	wünschen, wollen	Lektion 5
currere, currō, cucurrī, cursum	laufen	Lektion 5
dare, dō, dedī, datum	geben	Lektion 4
dēbēre, dēbeō, dēbuī, dēbitum	müssen; schulden; verdanken	Lektion 5
dēcernere, dēcernō, dēcrēvī, dēcrētum	entscheiden, beschließen	Lektion 14
dēesse, dēsum, dēfuī	fehlen, nicht da sein	Lektion 14
dēfendere, dēfendō, dēfendī, dēfēnsum	verteidigen	Lektion 17
dēferre, dēferō, detulī, dēlātum	wegtragen, (hin-)tragen	Lektion 21
dēficere, dēficiō, dēfēcī, dēfectum	abfallen; ausgehen; schwinden	Lektion 18
dēlēre, dēleō, dēlēvī, dēlētum	zerstören	Lektion 25

dēpellere, dēpellō, dēpulī, dēpulsum	wegstoßen, vertreiben	Lektion 10
dēpōnere, dēpōnō, dēposuī, dēpositum	niederlegen, ablegen	Lektion 24
dēscendere, dēscendō, dēscendī, dēscēnsum	hinab-, herabsteigen	Lektion 14
dēsinere, dēsinō, dēsiī, dēsitum	aufhören	Lektion 6
dīcere, dīcō, dīxī, dictum	sagen, sprechen	Lektion 7
dimittere, dimittō, dimīsī, dimissum	wegschicken, entlassen	Lektion 24
diripere, diripiō, diripuī, direptum	(aus)plündern, rauben	Lektion 25
discēdere, discēdō, discessī, discessum	weggehen	Lektion 5
docēre, doceō, docuī, doctum	lehren	Lektion 25
dormīre, dormiō, dormīvī, dormītum	schlafen	Lektion 13
dūcere, dūcō, dūxī, ductum	ziehen, führen	Lektion 5
emere, emō, ēmī, ēmptum	kaufen	Lektion 13
ēripere, ēripiō, ēripuī, ēreptum	reißen, entreißen, rauben	Lektion 19
esse, sum, fuī	sein	Lektion 1
excēdere, excēdō, excessī, excessum	herausgehen, verlassen	Lektion 24
expellere, expellō, expulī, expulsum	vertreiben, ausstoßen	Lektion 19
explēre, expleō, explēvī, explētum	ausfüllen, vollenden	Lektion 18
expōnere, expōnō, exposuī, expositum	ausstellen, aussetzen	Lektion 20
facere, faciō, fēcī, factum	tun, machen	Lektion 10
ferre, ferō, tulī, lātum	tragen, bringen, ertrage	Lektion 20
fīnire, fīniō, fīnīvī, fīnītum	beenden, begrenzen	Lektion 25
fluere, fluō, flūxī, flūxum	fließen, strömen	Lektion 6
fugere, fugiō, fūgī, fugitum	fliehen, flüchten	Lektion 5
gerere, gerō, gessī, gestum	tragen, ausführen	Lektion 12
habēre, habeō, habuī, habitum	haben, halten	Lektion 22
iacēre, iaceō, iacuī	liegen	Lektion 18
īgnōscere, īgnōscō, īgnōvī, īgnōtum	verzeihen	Lektion 7
impellere, impellō, impulī, impulsum	(an)stoßen, bewegen, veranlassen	Lektion 15
incipere, incipiō, coepī, inceptum	anfangen, beginnen	Lektion 19
incolere, incolō, incoluī, incultum	bewohnen, wohnen	Lektion 23
īnferre, īnferō, intulī, illātum	hineintragen; zufügen	Lektion 25
inicere, iniciō, iniēcī, iniectum	hinein-, hinwerfen	Lektion 21
inquit *(nachgestellt)*	(er, sie, es) sagt(e)	Lektion 16

intellegere, intellegō, intellēxī, intellēctum	verstehen, begreifen, merken	Lektion 6
interficere, interficiō, interfēcī, interfectum	töten, umbringen	Lektion 20
invādere, invādō, invāsī, invāsum	angreifen, überfallen; eindringen	Lektion 21
invenīre, inveniō, invēnī, inventum	finden, erfinden	Lektion 19
īre, eō, iī, itum	gehen; reisen	Lektion 5
irrīdēre, irrīdeō, irrīsī, irrīsum	verspotten	Lektion 20
iubēre, iubeō, iussī, iussum *(mit Akk.)*	(jmdm.) befehlen	Lektion 16
iuvat, iūvit	es freut, es macht Spaß	Lektion 5
legere, legō, lēgī, lēctum	lesen, sammeln	Lektion 23
licet, licuit	es ist erlaubt, man darf	Lektion 6
lūdere, lūdō, lūsī, lūsum	spielen	Lektion 6
manēre, maneō, mānsī, mānsum	bleiben	Lektion 9
metuere, metuō, metuī	fürchten	Lektion 25
mittere, mittō, mīsī, missum	schicken, senden; ent-, loslassen; werfen	Lektion 11
monēre, moneō, monuī, monitum	mahnen, erinnern, warnen	Lektion 12
movēre, moveō, mōvī, mōtum	bewegen	Lektion 6
mūnīre, mūniō, mūnīvī, mūnītum	befestigen, sichern	Lektion 19
neglegere, neglegō, neglēxī, neglēctum	nicht beachten, vernachlässigen	Lektion 11
nūbere, nūbō, nūpsī, nūptum *(mit Dat.)*	(einen Mann) heiraten	Lektion 9
oportet, oportuit	es ist notwendig, man muss	Lektion 19
opprimere, opprimō, oppressī, oppressum	unterdrücken; überfallen, bedrängen	Lektion 11
parere, pariō, peperī, partum	hervorbringen, gebähren	Lektion 15
perīre, pereō, periī	zu grunde gehen, umkommen	Lektion 19
permovēre, permoveō, permōvī, permōtum	bewegen, erregen	Lektion 18
persuādēre, persuādeō, persuāsī, persuāsum *(mit Dat.)*	jmdn. überreden, überzeugen	Lektion 17
pervenīre, perveniō, pervēnī, perventum	hinkommen, gelangen	Lektion 18
petere, petō, petīvī, petītum	erbitten, zu erreichen suchen, (einen Ort) aufsuchen, angreifen	Lektion 17
placēre, placeō, placui, placitum	gefallen	Lektion 4
pōnere, pōnō, posuī, positum	setzen, stellen, legen	Lektion 21
posse, possum, potuī	können	Lektion 4

praebēre, praebeō, praebuī, praebitum	hinhalten, (dar)reichen, geben	Lektion 8
praeesse, praesum, praefuī *(mit Dat.)*	verwalten, leiten, kommandieren	Lektion 23
praestāre, praestō, praestitī *(mit Dat.)* *(mit Akk.)*	jmdm. voranstehen, jmdn. übertreffen; etwas leisten	Lektion 25
prōmittere, prōmittō, prōmīsī, prōmissum	versprechen	Lektion 16
prōpōnere, prōpōnō, prōposuī, prōpositum	versprechen, in Aussicht stellen, aufstellen, sich vornehmen	Lektion 23
prōvidēre, prōvideō, prōvīdī, prōvīsum *(mit Akk.)* *(mit Dat.)*	vorhersehen; sorgen für	Lektion 14
quaerere, quaerō, quaesīvī, quaesītum	suchen, fragen	Lektion 5
rapere, rapiō, rapuī, raptum	rauben, reißen; entführen	Lektion 14
recipere, recipiō, recēpī, receptum	annehmen, aufnehmen; zurücknehmen, zurückziehen	Lektion 14
redīre, redeō, rediī, reditum	zurückkehren, zurückkommen	Lektion 11
referre, referō, rettulī, relātum	zurückbringen, berichten	Lektion 20
regere, regō, rēxī, rēctum	lenken, leiten, regieren	Lektion 10
relinquere, relinquō, relīquī, relictum	verlassen; zurücklassen	Lektion 15
removēre, removeō, remōvī, remōtum	entfernen, beseitigen	Lektion 16
reperīre, reperiō, repperī, repertum	finden, wiederfinden	Lektion 4
resistere, resistō, restitī	sich widersetzen, Widerstand leisten	Lektion 17
respondēre, respondeō, respondī, respōnsum	antworten	Lektion 2
restituere, restituō, restituī, restitūtum	wiederherstellen, wieder aufbauen	Lektion 25
retinēre, retineō, retinuī, retentum	aufhalten, zurückhalten	Lektion 17
rīdēre, rīdeō, rīsī, rīsum	lachen	Lektion 1
scīre, sciō, scīvī, scītum	wissen, kennen, verstehen	Lektion 10
scrībere, scrībō, scrīpsī, scrīptum	schreiben	Lektion 11
sedēre, sedeō, sēdī, sessum	sitzen	Lektion 18
sinere, sinō, sīvī *und* **siī, situm**	lassen, zulassen	Lektion 15
solvere, solvō, solvī, solūtum	lösen, auflösen; bezahlen	Lektion 18
stāre, stō, stetī, statum	stehen	Lektion 1

studēre, studeō, studuī *(mit Dat.)*	sich bemühen um; studieren	Lektion 22
subicere, subiciō, subiēcī, subiectum	unterwerfen, unterordnen, preisgeben	Lektion 25
subīre, subeō, subiī, subitum	auf sich nehmen	Lektion 12
suscipere, suscipiō, suscēpī, susceptum	auf sich nehmen, übernehmen	Lektion 22
sustinēre, sustineō, sustinuī, sustentum	aushalten, (er)tragen	Lektion 17
tacēre, taceō, tacuī, tacitum	schweigen	Lektion 3
tangere, tangō, tetigī, tāctum	berühren, anfassen	Lektion 6
tenēre, teneō, tenuī, tentum	(fest)halten	Lektion 4
terrēre, terreō, terruī, territum	erschrecken	Lektion 17
timēre, timeō, timuī *(mit Akk.)* *(mit Dat.)*	fürchten, Angst haben vor; fürchten für, in Angst sein um	Lektion 4
tollere, tollō, sustulī, sublātum	(auf)heben, erheben, beseitigen	Lektion 6
valēre, valeō, valuī	kräftig sein, gesund sein; Einfluss haben	Lektion 7
vendere, vendō, vendidī, venditum	verkaufen	Lektion 12
venīre, veniō, vēnī, ventum	kommen	Lektion 3
vertere, vertō, vertī, versum	drehen, wenden	Lektion 24
vidēre, videō, vīdī, vīsum	sehen	Lektion 1
vincere, vincō, vīcī, victum	(be)siegen	Lektion 17
vīvere, vīvō, vīxī	leben	Lektion 14

Test Lektion 14 – 16

Textvorerschließung

a Überschrift: Der Rinderrraub des Cacus – ein gewisser Cacus raubt Rinder. Doch wer ist Cacus, wem raubt er Rinder? Der Einleitungstext klärt das: Cacus ist ein räuberischer Riese, der dem Herakles Rinder raubt. Ob das gelingt? So, wie wir Herakles kennengelernt haben, ist das eher unwahrscheinlich. Das Bild zeigt dann die Raubszene: Herakles – Er ist wahrscheinlich der Mann im Hintergrund – wirkt unaufmerksam; der Mann im Vordergrund mit dem finsteren Blick wird wohl der Riese Cacus sein.

b *Cacus/Herakles*

c Der Text ist – mit Ausnahme einer direkten Rede des Cacus (*Tum Cacus*; 1. Person *vidi*) – in der 3. Person verfasst. Das und der Einleitungstext legen nahe, dass es sich um eine Erzählung handelt.

d *boves* (verschiedene Formen), *speluncam*, *duxit*, *reperire/repperit*, *vidi/vidit*

Antike Kultur

Herakles vollbringt im Auftrag des Königs Eurystheus viele Taten, die ihn als das Urbild eines Helden erweisen (z. B. die Säuberung des Augiasstalls).

Übersetzungstraining

a *pulchriores boves / plures boves / in speluncam suam / plurimos boves / voces boum / eo modo / speluncam Caci / Hercules ira motus / virum pessimum*

b Es gibt nur einen Nebensatz (*postquam … vidit*); die übrigen Sätze sind Hauptsätze.

c In den Hauptsätzen steht im Deutschen das Prädikat an zweiter Stelle, im Nebensatz am Ende.

Übersetzung

Da sagte Cacus: „Niemals habe ich schönere Rinder gesehen!" Deshalb raubte er mehrere Rinder und führte sie vorsichtig in seine Höhle – deshalb gab es keine Spuren.
Nachdem Hercules aber gesehen hatte, dass mehrere Rinder fehlten, suchte er sie sofort, konnte sie aber nicht finden. Plötzlich hörte er die Laute von Rindern und fand auf diese Weise die Höhle des Cacus. Da wollte Hercules voller Zorn Cacus töten. Schließlich tötete er den abgrundtief schlechten Mann und nahm die Rinder mit.

Test Lektion 17 – 19

Textvorerschließung

a Überschrift: Das Geheimnis des hölzernen Pferdes; der Einleitungstext sagt, dass Odysseus eine Idee hat. Das Bild zeigt ein überlebensgroßes Holzpferd vor einer antiken Stadt – sollte es sich um die Erzählung der berühmten List des Odysseus handeln?

b *Ulixes / Graeci / Troiani*

c Es gibt eine direkte Rede; die Geschichte ist ansonsten in der 3. Person verfasst. Diese Tatsache und das vermutliche Thema (Troianischer Krieg) legen nahe, dass es sich hier um eine Erzählung handelt.

d *vis / equus (ligneus) / construere / relinquere / urbs / porta / aperire / videre*

Antike Kultur

a Die Griechen versuchten, Troja zu erobern – allerdings vergeblich. Da hatte Odysseus eine Idee: Die Griechen sollten ihre Rückfahrt vortäuschen und ein riesiges hölzernes Pferd hinterlassen, in dem sich Bewaffnete verbergen. Diese hatten die Aufgabe, den nachts heimlich zurückgekehrten Griechen die Stadttore zu öffnen.

Dass der Text diese Geschichte erzählt, machen Überschrift, Einleitungstext, das Bild und die Wortwiederholungen wahrscheinlich.

b 1. Abschnitt: Ulixes (Odysseus) redet die Griechen an; er fordert sie auf, das hölzerne Pferd (*equum ligneum*) zu bauen.
2. Abschnitt: *equus* und *urbs* kommen hier mehr als einmal vor – sollte hier das Pferd in die Stadt geschafft werden?
3. Abschnitt: *porta* (Tür, Tor) und *aperire* kommen mehr als einmal vor – Wird hier geschildert, was in der Nacht passierte?

Übersetzungstraining

a *Ulixes vires virorum deficere videns / magnum equum ligneum / ante Troiam / Graeci fortissimi / in equo ligneo / equo facto / de litore / ante moenia urbis / equum ligneum / Troiani donum deorum esse putantes / in urbem / milites Graeci / ex equo / portas urbis / portis apertis / ceteri Graeci in urbem venientes / cum Troianis / eo modo.*

b PC: *Ulixes vires virorum deficere videns / Troiani donum deorum esse putantes / Graeci in urbem venientes;* Abl. abs.: *equo facto / portis apertis*

c Ausdrückliche Hinweise liefert der Text nicht. In diesem Fall ist es vernünftig, es mit einem temporalen Verhältnis zu versuchen. Das PC *Graeci in urbem venientes* sollte man besser kausal übersetzen.

d Direkte Rede des Sprechers: Gegenwart und Zukunft. Aus der Sicht des Lesers spielt die Erzählung in der Vergangenheit.

Übersetzung

Als er sah, dass die Kräfte der Männer schwanden, sagte Odysseus: „Hört Griechen: Es ist leichter, Troja durch List als durch Gewalt zu erobern. Wir werden ein hölzernes Pferd bauen und vor Troja zurücklassen. Die tapfersten Griechen werden sich in dem hölzernen Pferd befinden."

Da bauten die Griechen das Pferd. Als das Pferd fertiggestellt worden war, verließen die Griechen den Strand und bestiegen ihre Schiffe, ließen aber das Pferd vor den Mauern der Stadt zurück. Sobald die Trojaner das hölzerne Pferd gesehen hatten, zogen sie es in die Stadt, weil sie glaubten, dass es ein Geschenk der Götter sei.

Nachts kletterten die Griechen aus dem Pferd und öffneten die Tore der Stadt. Nach Öffnung der Tore kamen die übrigen Griechen in die Stadt, kämpften gegen die Trojaner und zerstörten Troja. So wurde Troja besiegt.

Test Lektion 20 – 22

Textvorerschließung

a Dieser Text spielt im Umfeld von Tarquinius Superbus und seiner Familie. Zwei seiner Söhne reisen zusammen mit ihrem Cousin nach Delphi, um das Orakel zu befragen. Der Cousin wird für dumm gehalten und heißt auch so. Die Überschrift legt nahe, dass Brutus die Hauptfigur im Text ist.

b Namentlich genannt werden Brutus, die Tarquinii und die Pythia. Das erhärtet den Verdacht, dass Brutus die Hauptfigur ist, da die Söhne des Tarquinius Superbus nicht mit Vornamen unterscheidbar benannt werden.

c Der Einleitungstext und die 3. Person (mit Ausnahme der direkten Rede) weisen auf eine Erzählung hin.

d *fratres / res publica / regere / verbum / osculum dare / facere*

Antike Kultur

a Vorgeschichte: Das Orakel in Delphi drückte sich missverständlich, aber stets zutreffend aus. Wenn Menschen bei der Befolgung der Orakelsprüche Nachteile erlitten, dann deshalb, weil sie diese falsch verstanden hatten.
Tarquinius Superbus war der letzte Römerkönig; sein Beiname (*superbus hochmütig, überheblich*) kennzeichnet ihn zutreffend.

b Die Söhne des Tarquinius befragen das Orakel von Delphi; Brutus jedoch bekommt den Orakelspruch, der nicht eindeutig sein dürfte.

Übersetzungstraining

a *legati Romani / ducibus fratribus / cum Bruto / oraculum Delphorum / de re publica / de sorte sua / haec verba / unus vir / rem publicam / verbis auditis / se id sine labore facere posse / ad terram*

b Direkte Hinweise fehlen; deshalb sollte man zunächst die Partizipialkonstruktionen temporal übersetzen.

c Die Erzählung spielt vom Leser aus gesehen in der Vergangenheit; die Frage an das Orakel und die Antwort sind in der Zukunft, da der Orakelspruch für die Zukunft des Sprechers gilt.

Übersetzung

Die römischen Gesandten besuchten unter der Führung der Brüder mit Brutus das Orakel von Delphi, um die Pythia wegen des Staates um Rat zu fragen. Aber die Brüder wollten alles über ihr Schicksal wissen.

Deshalb fragten sie die Pythia: „Wer wird über die Römer herrschen?“ Die Pythia antwortete folgendes: „Ihr Tarquinier, nur ein Mann wird den Staat regieren. Dieser aber wird vorher der Mutter einen Kuss geben müssen.“

Nachdem sie diese Worte vernommen hatten, glaubten die Brüder, dass sie dies ohne Anstrengung bewältigen könnten. Brutus aber fiel plötzlich zu Boden, um diesem einen Kuss zu geben.

(Brutus küsste die Erde, da sie als Mutter allen Lebens gilt.)

Test Lektion 23 – 25

Textvorerschließung

a Der Text handelt von Hannibal, dem bedeutendsten Gegner Roms. Selbst im Exil war er vor den Römern nicht sicher.

b *Hannibal / Prusias / Romani*

c Der Einleitungstext weist auf eine Erzählung hin. Auffällig ist aber der hohe Anteil von direkter Rede. Hannibal gebraucht die 1. Person. Er erzählt wahrscheinlich über sich selbst.

d *vita / legati / capere*

Antike Kultur

Hannibal brachte die Römer an den Rand einer Niederlage; die Karthager unter seiner Führung konnten erst nach einem langen und blutigen Krieg besiegt werden. Angeblich hatte ein unbändiger Hass Hannibal angetrieben; die Römer und Hannibal standen sich unversöhnlich gegenüber. Die Geschichte spielt nach Hannibals Niederlage.

Übersetzungstraining

a *miltes Prusiae / hanc cladem / consilium bellandi / in Hannibale / odium populi Romani / in Bithyniam / Prusias rex ipse / hostes Romanos domum suam circumvenire / in triumpho / per urbem Romam / tempus mortis meae / sua manu / e vita*

b Der Konjunktiv in den direkten Reden Hannibals und auch die erste Person weisen darauf hin.

Übersetzung

Als Hannibal die Soldaten des Königs Prusias kommandierte, dachte er oft bei sich: „Wären wir doch nicht von den Römern besiegt worden! Wenn ich diese Niederlage nicht hätte hinnehmen müssen, würde ich jetzt ziemlich glücklich leben.“

Die Römer aber fürchteten, dass er wieder den Plan fasste Krieg zu führen. Deshalb sagten die Senatoren: „Immer wird Hannibal voller Hass auf das römische Volk sein. Lasst uns deshalb Gesandte schicken, um Hannibal zu suchen und ihn zu fangen.“

Schließlich gelangten die Gesandten auch nach Bithynien. König Prusias persönlich zeigte ihnen, wo Hannibal war.
Hannibal sah, dass seine Feinde, die Römer, sein Haus umzingelten: „Sie sollen mich nicht fangen und im Triumph durch Rom führen. Ich wünsche, dass ich den Zeitpunkt meines Todes selbst bestimme!“
Dann schied Hannibal durch eigene Hand aus dem Leben.

Tipps zum Weiterlesen, Hören, Anschauen

Lektion 14 – 16

Gerhard Fink: Who's who in der antiken Mythologie, München [12]1998
Richard Carstensen: Römische Sagen – den Quellen nacherzählt, München 1994
Richard Carstensen (Hrsg.): Griechische Sagen, Würzburg 2001
Richard Carstensen (Hrsg.): Griechische Sagen: Die schönsten Sagen des klassischen Altertums von Gustav Schwab, München [30]1993
Auguste Lechner: Herkules, Würzburg 2010
Luciano De Crescenzo: Kinder des Olymp. Antike Göttermythen neu erzählt, München 1998

Lektion 17 – 19

Josef Guggenmos: Die Helden von Troja, Ravensburg 2008
Auguste Lechner: Aeneas: Sohn der Göttin, Würzburg 2010
Auguste Lechner: Die Abenteuer des Odysseus, Würzburg 2008
Auguste Lechner: Ilias: Der Untergang Trojas, Würzburg [3]2010
Rosemary Sutcliff: Die Rückkehr des Odysseus, Stuttgart [2]2005
Rosemary Sutcliff: Troja und die Rückkehr des Odysseus: Die Geschichte der Ilias und der Odyssee
R. Goscinny, A. Uderzo: Asterix: Die Odyssee (Asterix Bd. 26)

Film/DVD:
Troja. Spielfilm, USA, Malta, England, 2004, 156 Min., Regie: Wolfgang Petersen

Lektion 20 – 22

Heinrich Krefeld (Hrsg.): studeo – Wege zum Latein-Lernen. Berlin [3]2008, S. 122 – 123
Jacques Le Goff: Die Geschichte Europas, Frankfurt [6]2007

Lektion 23 – 25

Damals – Geschichte zum Hören. Hannibal gegen Rom – Karthagos Kampf um die Macht. Laufzeit ca. 75 Min.
Heinrich Krefeld (Hrsg.): studeo – Wege zum Latein-Lernen. Berlin [3]2008, S. 124 – 127
Fabian Lenk: CD Wissen Junior – Tatort Geschichte: Verschwörung gegen Hannibal. Ein Ratekrimi aus der Römerzeit.

Antike Kultur: Wer ist wer?

1. Teste dein Wissen über die Götterwelt der Antike und beantworte folgende Fragen:
   a Wer überbringt Paris den Auftrag, Schiedsrichter im Schönheitswettbewerb der Göttinnen zu sein?
   b Womit erschreckt der Göttervater Menschen und Götter?
   c Auf welcher Seite steht Hera im Trojanischen Krieg? Kannst du auch den Grund dafür nennen?
   d Für welche Bereiche ist Apollo zuständig?
   e Woran kannst du ihn auf Abbildungen oder als Statue gut erkennen?
   f Askanius ist der Sohn des Äneas. Wie heißt seine Großmutter?
   g Die Götter werden oft von Tieren begleitet und mit diesen abgebildet. Wen begleitet eine Hirschkuh?

Wenn du etwas nicht genau beantworten kannst, findest du Hilfe auf den Seiten 28 – 31 und auf den hinteren Umschlag-Innenseiten.

2. Überlegt euch nun selbst Fragen zu den antiken Göttern und veranstaltet ein Quiz mit leichten und schwierigen Fragen.

Bildnachweis

Cover Stefan Wagner; **10** akg-images; **15** bpk / Antikensammlung, SMB / Reinhard Saczewski; **18** www.bridgemanart.com; **19** akg-images; **24** **1** akg-images/ © Succession Picasso / VG Bild-Kunst, Bonn 2011, **2** akg-images / Erich Lessing, **3** akg-images / Bildarchiv Steffens, **4** © Yann Arthus-Bertrand / CORBIS; **25** **1** akg-images, **2** akg-images / Galleria Nazionale di Capodimonte; **27** © The Art Archive / National Archaeological Museum Athens / Gianni Dagli Orti; **35** bpk-images; **39** akg-images / British Library; **44** akg-images; **45** **1** bpk-images, **2** bpk / Museum für Vor- und Frühgeschichte, SMB / Herbert Kraft, **3** akg-images / Peter Connolly; **50** akg-images / Erich Lessing; **60** akg / De Agostini Picture Library; **61** picture-alliance / Klaus Rose; **66** © The Art Archive / Museum of Carthage / Gianni Dagli Orti; **67** akg-images; **71** akg-images / Museo della Civiltà Romana; **77** imago / UPI Photo; **111** akg-images / Cameraphoto
HV: Zeus, Hera: © THE BRIDGEMAN ART LIBRARY; **Poseidon:** shutterstock.com / Racheal Grazias; **Hades:** akg / De Agostini Picture Library; **Athene:** shutterstock.com / Nick Pavlakis; **Apollo, Aphrodite:** shutterstock.com / Denis Kornilov; **Artemis:** Herve Champollion / akg-images; **Hermes:** picture-alliance / akg-images; **Ares:** akg-images / Michael Teller.

Griechisch-römische Götter

Zeus *(lat. Jupiter)*
oberster Gott und Herrscher über Himmel, Blitz und Donner
Bruder und Ehemann der Hera; Vater zahlreicher Kinder, darunter der Götter Athene, Apollo, Artemis, Ares, Aphrodite, Dionysos und Hermes und der Halbgötter Herkules und Perseus
Kennzeichen: Zepter, gebündelte Blitze in einer Hand, Adler als Begleittier

(Abb.: undatierte griechische Statue, Bronze)

Hera *(lat. Juno)*
oberste Göttin und Beschützerin von Ehe, Geburt und Familie
Schwester und Ehefrau des Zeus; Mutter des Ares, des Hephaistos, der Hebe; oft eifersüchtig auf die Liebschaften ihres Mannes
Kennzeichen: Zepter, Kopfbinde oder Diadem, Schleier, Opferschale, Pfau als Begleittier

(Abb.: Statue aus dem Nymphaeum in Treviso, Italien; 1554 – 1558, Marmor)

Poseidon *(lat. Neptun)*
Gott des Meeres, der Erdbeben und der Pferde
Bruder des Zeus; Vater mehrerer Kinder, unter anderem des Polyphem
Kennzeichen: Dreizack, Streitwagen, Delfin als Begleittier

Hades *(lat. Pluto)*
Herrscher über das Reich der Toten (die Unterwelt)
Bruder des Zeus; Ehemann der Persephone (Proserpina)
Kennzeichen: Zepter oder Zweizack, Krone, der dreiköpfiger Hund Kerberos (Cerberus) als Begleittier

(Abb.: Statue des Hades, begleitet von Kerberos, aus Gortyn, Kreta; 1. Jh. v. Chr.)

Athene *(lat. Minerva)*
Göttin der Weisheit, der Wissenschaften, des Handwerks, der Kriegstaktik und Beschützerin der Städte
Tochter des Zeus, dem sie aus dem Kopf gewachsen sein soll;
Kennzeichen: Rüstung mit Helm, Schild und Speer, Ölbaum, Eule als Begleittier

(Abb.: goldverzierte Statue in Athen)